楽しく学ぶ
韓国語
①

康 承恵 著　吉本 一 訳

●無料音声一括ダウンロード●

本書の朗読音声（MP3形式）を下記URLとQRコードから無料でPCなどに一括ダウンロードすること
ができます。

https://www.ibcpub.co.jp/audio_dl/0687/

※ダウンロードしたファイルはZIP形式で圧縮されていますので、解凍ソフトが必要です。
※PCや端末、ソフトウェアの操作・再生方法については、編集部ではお答えできません。
　製造元にお問い合わせいただくか、インターネットで検索するなどして解決してください。

楽しく学ぶ

재미있게 배우는
한국어

韓国語

1

康 承恵 著
吉本 一 訳

IBCパブリッシング

국내 한국어 교육기관에서 개발된 기관 교재의 대부분은 1년 반에서 2년 정도의 교수·학습 기간을 기준으로 하여 개발되고 있다. 이러한 일반 목적의 정규 한국어 교육과정을 위해 개발된 교재들은 집중적인 수업을 전제로 상당히 많은 학습 시간을 요구한다. 그러나 일본의 한국어 학습자들 중에는 한국에서의 일상생활을 중심으로 유용한 표현들을 익히고 싶어하는 학생도 있기 때문에 이들을 위한 단기 학습용 교재가 필요한 실정이다. 이러한 필요에 의해 만들어진 이 책은 앞으로 한국에서 짧은 기간 체류하면서 일상생활을 해 나가는 데에 필요한 한국어 표현과 어휘, 문형을 중심으로 다양한 상황에서의 전형적인 대화, 회화 연습, 과제 등으로 구성하여 학습자들이 유용하게 활용할 수 있도록 집필하였다.

일반 목적 한국어 교육과정을 긴 마라톤에 비유한다면 이 책을 사용하는 학습 과정은 단거리 경주에 비유될 것이다. 마라톤은 마라톤대로 결승점에 도달했을 때 얻을 수 있는 것이 있고, 단거리 경주는 짧은 시간이라는 조건 때문에 얻는 것이 상대적으로 다를 수밖에 없을 것이다. 그것은 짧은 시간 안에 전력 질주해야 하고 그 과정에서 순간순간의 의사소통 목적에 맞추어 때로는 상대적으로 불필요한 문법 요소나 형태적인 교수·학습의 내용 등은 과감하게 제외되어야 함을 의미한다. 따라서 이 책에서는 짧은 기간 한국에서 벌어지는 일상생활에서 필요한 상황을 바탕으로 의사소통의 기능과 과제 등에 초점을 맞추어 내용을 구성하고자 하였다. 물론 집필자에 따라 우선적으로 필요하다고 판단되는 상황 대화, 표현, 문형 등의 순위가 달라질 수 있을 것이다. 그러나 이 책에서는 한국어를 접해 본 적이 없는 학습자가 한국어를 배우는 단계로부터 출발하여 단기간(1권당 약 3주 정도)에 도달하게 될 수준을 목표로 설정하여 이에 필요한 상황을 선정하였다.

이 책이 한국과 한국어에 관심이 있는 일본 학습자들에게 즐겁고 재미있게 한국어를 배우는 데에 유익한 교재가 되기를 진심으로 바란다. 뿐만 아니라 이 책을 사용하여 가르칠 교사들에게도 교수·학습 차원에서 부담이 되지 않으며, 자연스럽게 교재 구성에 따라 가르치면서 즐거움을 얻을 수 있는 교재가 되길 바란다.

어학 교재를 집필한다는 것은 다른 강의 교재를 집필하는 것과 달리 많은 자료 수집이 필요하고 다양한 아이디어가 필수적이다. 이 책을 집필하는 과정에서 자료 수집, 내용 구성 등을 위해 큰 도움을 준 광운대학교 강사로 재직하고 있는 이진경 선생과 박지순 선생에게 고마움을 전한다. 내내 즐거운 마음으로 현장 강사로서의 경험에 기초하여 실제 수업에서 활용한 상황을 고려하여 매 단원의 고민을 함께 하였다.

강승혜

韓国の韓国語教育機関で開発されたほとんどの教材は、1年半から2年くらいの教授・学習期間を基準にして開発されています。正規の韓国語教育課程のために開発されたこのような教材は、集中的な授業とかなりの学習時間を必要とします。しかし、日本の韓国語学習者の中には韓国での日常生活を中心に有用な表現を学びたい人もいるため、そのような人たちのための短期学習用教材が必要です。この本はこのような必要に応じて作成したものであり、これから韓国で短期間滞在しながら日常生活をするのに必要な韓国語の表現や語彙・文型を中心に多様な状況における典型的な会話、会話練習、課題などで構成し、学習者が有用に活用できるようにしました。

　正規の韓国語教育課程をマラソンとするならば、この本の学習課程は短距離走のようなものといえます。マラソンでゴールに到達したときに得られるものと短距離走で得られるものとは、おのずと違ってきます。短距離走では短い時間に全力疾走しなければなりません。これは瞬間瞬間のコミュニケーションの目的に合わせて、必要性の低い文法要素や形態的な教授・学習の内容などは思いきって切り捨てなければならないということを意味します。したがって、この本では、韓国の日常生活で必要な状況をもとにコミュニケーションの機能と課題などに焦点を合わせて内容を構成しました。もちろん、執筆者によって、優先的に必要と考える状況・会話・表現・文型などの順序は異なるでしょう。しかし、この本では、韓国語をまったく知らない人が韓国語を学びはじめ短期間（1冊あたり約3週間）で到達できるレベルを目標として、これに必要な状況を選びました。

　この本が、韓国と韓国語に関心がある日本の学習者たちに楽しく韓国語を勉強することで有益な教材となることを切に望みます。また、教師にとっても負担にならず、自然に教材構成に沿って教えながら楽しめる教材となることを願っています。

　語学教材を執筆するためには、他の講義教材を執筆するのと違って、多くの資料収集と多様なアイデアが必要です。この本を執筆する過程で資料収集や内容構成などのために手助けしてくださった光云大学校講師の李珍坰先生と朴智淳先生に感謝したく思います。現場の講師としての経験にもとづいて実際の授業で活用した状況を考慮しながら、教材作成期間中はずっと楽しい気持ちで、一緒に課ごとに考えました。

康承恵

この本の使い方

それぞれの音声ファイルをQRコードで提供しているため、明確な発音と速度をすぐ確認できる。また、p.2にあるURLまたはQRコードからすべてのMP3ファイルを一括でダウンロードできる。

タイトル

各課のモデル会話の中から代表的な表現を選んで「タイトル」として示した。

会話

各課のモデル会話文は、韓国の日常生活の中から代表的な状況を選んだ。よく接するであろう表現を中心に「会話」を構成し、その状況を描写したイラストを横に示した。

準備

各課の最初のページには、その課で必要な語彙および表現を中心に「準備」段階を設けた。課の性格によって、その課で必要な語彙を中心に練習するように構成した課と、その課で必要な表現を練習するように構成した課がある。

会話翻訳

会話文の日本語訳を下に提示し、韓国語と対照して参照できるようにした。

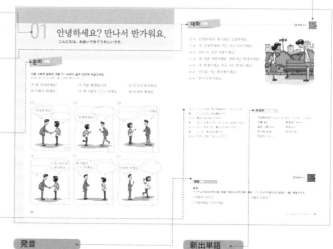

発音

会話文に出てくる発音のうち説明が必要なものについて発音現象を説明し、ほかの例を補って示した。会話文に出ていない発音規則などについても説明と例を示した。

新出単語

会話文に出てくる新しい単語のリストを日本語と対訳で示した。

文型練習

各課で重要な表現と思われる文型を四つずつ選び出した。文法要素や項目の形でなく文型の形で提示し、보기（例）によってその文型を練習し活用できるようにした。

重要文型

「文型練習」で提示した各文型に関する文法説明をつけた。提示された文型を中心に説明し、形態的な分析による説明が必要なものについては具体的な日本語で示した。（韓国語訳は付録 p.165～168 参照）

追加語彙

文型練習の際に必要な新出単語のリストをそれぞれの文型練習の下に提示した。

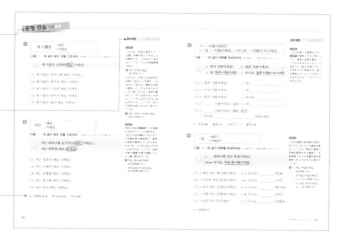

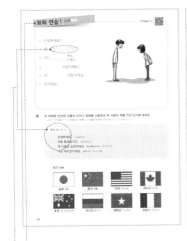

- **課題1-話す**

〈課題1〉は「話す」課題である。学習した表現や文型などを中心に多様なペア活動を行うようにし、課題遂行の例も示しておいた。課題は、1〜6課は二つずつ、7課以降は一つずつとなっている。前半部では〈課題2-読み書き〉と〈課題3-聞く〉を遂行するために必要な語彙に制限があり、話す課題を一つずつ多く提示してある。

- **イタリック体**

固有名詞(人名・地名など)と外来語などをイタリック体で示し、韓国語を学ぶ学生が一般の単語と区別しやすいようにした。

- **会話練習**

モデル会話の中から選んだ「重要文型」を「文型練習」で練習し、ここではモデル会話の枠に語彙や表現などを入れ替えて練習する。多様な語彙を使ってみてモデル会話を暗記するようにする。モデル会話で示されたものはMP3に録音してある。

また、モデル会話に示されたボックスと下に示されたボックスの色を同じにすることで、練習する際に入れ替える語彙や表現などを選択しやすいようにした。

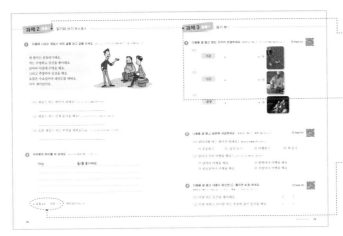

- **課題2-読み書き**

〈課題2〉は「読み書き」の課題である。各課で練習した表現や文型を使った文章を読んで内容を理解したり、それらの表現や文型を使って作文をしたりする。

- **課題3-聞く**

〈課題3〉は「聞く」課題である。各課で練習した語彙・表現・文型等を中心に構成された聴解資料を聞いて内容を把握する。

- **追加語彙**

読み書き課題を遂行する際に必要な新出単語のリストをそれぞれの課題文の下に示しておいた。

	ハングル
	1. 母音字母 2. 子音字母 3. 音節 4. 平音・激音・濃音 5. パッチム

課	タイトル	学習目標	話題・機能	文型	課題と活動
1	안녕하세요? 만나서 반가워요. こんにちは。お会いで きてうれしいです。	・簡単なあいさつ表現を 活用できる。 ・自分の名前、職業が言 える。	あいさつ/紹介	−이에요/예요 −사람이에요? −도	・名前、国籍、職業を質問して答える。 ・友だちの名前、国籍、職業を紹介する。 ・自己紹介文を読んで/聞いて内容を把 握する。 ・自己紹介文を書く。
2	동생이 둘 있어요. 弟/妹が二人います。	・家族関連語彙を使うこ とができる。 ・数詞を活用して家族紹 介ができる。	家族/紹介	−이/가 있어요/없어요 −하고 − −에 계세요/있어요 −은/는 없어요	・家族のことを質問して答える。 ・写真を見て自分の家族を紹介する。 ・家族紹介文を読んで/聞いて内容を把 握する。 ・自分の家族を紹介する文章を書く。
3	기숙사가 어디에 있어요? 寮はどこにありますか。	・建物や場所の名前を言 える。 ・建物や場所の位置を言 える。	位置/報告	−이/가 어디예요? −은/는요? −은/는 −에 살아요 −이/가 어디에 있어요?	・絵を見て場所の位置を話す。 ・絵を見て品物の位置を話す。 ・場所や品物の位置についての文章を 読んで/聞いて内容を把握する。 ・自分が住んでいる町の位置を説明す る文章を書く。
4	생일이 언제예요? 誕生日はいつですか。	・日にち、曜日の語彙を 適切に使える。 ・相手に何かを提案でき る。	誕生日/提案	−이/가 언제예요? −(에) 시간 있어요? −이/가 무슨 요일이에요? −ㄹ/을까요?	・誕生日を質問して答える。 ・計画表を見ながら日にちや曜日を質 問して答える。 ・一か月の計画(特別な日)についての文 章を読んで内容を把握する。 ・自分の一週間の計画表を作って文章 を書く。
5	취미가 뭐예요? 趣味は何ですか。	・趣味に関する語彙を使 える。 ・自分の趣味を言える。	趣味/紹介	−을/를 좋아해요 무슨 −을/를 좋아해요? −기예요 −마다 −을/를	・趣味について質問して答える。 ・自分の趣味について紹介する。 ・趣味についての文章を読んで/聞いて 内容を把握する。 ・自分の趣味についての文章を書く。
6	순두부하고 된장찌개 주세요. スンドゥブとテンジャ ンチゲ下さい。	・韓国の食べ物の名前が 分かり、それらを区別 できる。 ・食堂で食べ物を注文で きる。	食べ物/注文	− (좀) 주세요 −하고 − 주세요 −을/를 먹고 싶어요 −고 싶어요 −ㄴ/은 + 名詞	・多様な食堂のメニューを見て注文する。 ・週末の計画について質問して答える。 ・好きな食べ物についての文章を読ん で/聞いて内容を把握する。 ・好きな食べ物とよく行く食堂につい て文章を書く。

課	タイトル	学習目標	話題・機能	文型	課題と活動
7	집에서 쉬었어요. 家で休みました。	・日用品に関する語彙を使える。 ・過去形を使って週末の話ができる。	週末/報告	-와/과 -에 갔어요 -에서 -(었/았/였)어요. -에 뭘 -었어요?	・週末のことを質問して答える。 ・週末についての文章を読んで内容を把握する。 ・週末についての文章を聞いて内容を把握する。 ・自分の週末のことを文章に書く。
8	백화점 정문 앞에서 세 시에 만나요. デパート正面入口の前で3時に会いましょう。	・時間が言える。 ・時間や場所などの約束ができる。	約束/提案	-(으)세요? (같이) -ㄹ을래요? 어디서 -ㄹ/을까요? -고	・週末の約束をする(場所・時間)。 ・一日や一週間の日課についての文章を読んで内容を把握する。 ・一日や一週間の日課についての文章を聞いて内容を把握する。 ・自分の一日の日課について文章に書く。
9	2호선에서 3호선으로 갈아타야 해요. 2号線から3号線に乗り換えなければいけません。	・交通手段や交通に関する語彙を使える。 ・交通に関する案内ができる。	交通/案内	-(어/아/여)야 해요 -(어/아/여)서 -(으)면 돼요 -은/는 어떻게 가요?	・地下鉄の路線図を見ながら目的地に行く方法を質問して答える。 ・メールを読んで内容を把握する。 ・交通に関する文章を聞いて内容を把握する。 ・友だちに約束の場所を説明するメールを書く。
10	좀 큰 걸로 주세요. 少し大きいのを下さい。	・日用品語彙の連語関係を理解し使える。 ・品物を買うとき自分の欲しいものを要求できる。	買い物/要求	이 - 얼마예요? -어/아/여 보세요 -ㄴ/은/는 + 名詞 -(으)로 주세요	・家族にあげるプレゼントやおみやげを買う計画について話す。 ・今年流行するものや買い物についての文章を読んで内容を把握する。 ・品物の値段や買い物に関する会話を聞いて内容を把握する。 ・買った品物を紹介する文章を書く。
11	영희 씨 계세요? ヨンヒさんいらっしゃいますか。	・電話に関する表現を使える。 ・電話をかけるとき適切な語彙・表現が使える。	電話/電話する	저, -계세요/있어요? -계세요/있어요 저 -인데요 - 때문에	・友だちに電話をする。 ・電話での会話や電話に関する文章を読んで内容を把握する。 ・電話での会話を聞いて内容を把握する。 ・提示された内容を電話で使う。
12	제주도에 가 봤어요? 済州島に行ったことがありますか。	・韓国の有名な観光地の名前を知り、それらを区別できる。 ・旅行の計画を提案できる。	旅行/提案 推測	-어/아/여 봤어요? -(으)려고 해요 -(어/아/여)도 돼요? -ㄹ/을 거예요	・長期休暇の計画について話す。 ・経験したことについての文章を読んで内容を把握する。 ・経験したことについての文章を聞いて内容を把握する。 ・韓国で行った所について文章を書く。

目次

ハングル

　ハングルは、朝鮮時代に世宗大王とその当時の学者たちが1446年に作り出した韓国固有の文字である。それ以前、韓国人が文章を書き表す際には中国の文字である漢字を借りて使っていた。当時の両班(上流階級)は思いのままに漢字を使いこなすことができたが、普通の人たちが漢字を覚えるには多くの時間がかかって難しかった。それを不憫に思った世宗大王は、当時の学者たちとともに普通の人たちも簡単に覚えて使える文字を1443年に作って試験的に使用した後、1446年に世に公表した。当初、17の子音字母と11の母音字母が作られ、これらを組み合わせて書き表していた。

世宗大王

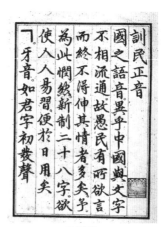

訓民正音

1. 母音字母

　基本母音の字母は次のように作られた。まず、「丸い天」、「平らな地」、「立っている人」を
かたどって・、＿、｜の三つを作った。そして、｜の右と＿の上に・を加えて陽性母音ト、
ㅗを作り、｜の左と＿の下に・を加えて陰性母音ㅓ、ㅜを作った。さらに、・をもう一つず
つ加えて陽性母音ㅑ、ㅛと陰性母音ㅕ、ㅠを作った。

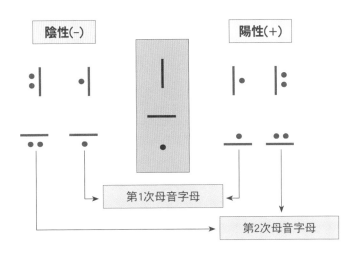

韓国語の母音は10個の基本母音(ㅏ、ㅑ、ㅓ、ㅕ、ㅗ、ㅛ、ㅜ、ㅠ、ㅡ、ㅣ)と11個の複合母音(ㅐ、ㅒ、ㅔ、ㅖ、ㅘ、ㅙ、ㅚ、ㅝ、ㅞ、ㅟ、ㅢ)から成り、その発音と書き順は次のとおりである。ㅡは左から右、ㅣは上から下へ書く。

(1) 基本母音

 Track 001

母音	音価	発音	書き順
ㅏ	[a]	日本語の「ア」のように発音する	
ㅑ	[ja]	日本語の「ヤ」のように発音する	
ㅓ	[ə]	口を大きく開いて「オ」と発音する	
ㅕ	[jə]	口を大きく開いて「ヨ」と発音する	
ㅗ	[o]	口を丸くすぼめて「オ」と発音する	
ㅛ	[jo]	口を丸くすぼめて「ヨ」と発音する	
ㅜ	[u]	口を丸くすぼめて「ウ」と発音する	
ㅠ	[ju]	口を丸くすぼめて「ユ」と発音する	
ㅡ	[ɨ]	口を横に広げて「ウ」と発音する	
ㅣ	[i]	日本語の「イ」のように発音する	

(2) 複合母音

母音	音価	発音	書き順
ㅐ	[ɛ]	口を大きく開いて「エ」と発音する	ㅣ ㅏ ㅐ
ㅒ	[jɛ]	口を大きく開いて「イェ」と発音する	ㅣ ㅏ ㅑ ㅒ
ㅔ	[e]	口を小さく開いて「エ」と発音する	ㅓ ㅔ
ㅖ	[je]	口を小さく開いて「イェ」と発音する	ㅕ ㅖ
ㅘ	[wa]	「ワ」と発音する	ㅗ ㅘ
ㅙ	[wɛ]	口を大きく開いて「ウェ」と発音する	ㅗ ㅘ ㅙ
ㅚ	[ö/we]	口を小さく開いて「ウェ」と発音する	ㅗ ㅚ
ㅝ	[wo]	「ウォ」と発音する	ㅜ ㅝ
ㅞ	[we]	口を小さく開いて「ウェ」と発音する	ㅜ ㅝ ㅞ
ㅟ	[ü/wi]	「ウィ」と発音する	ㅜ ㅟ
ㅢ	[ɨi]	口を横に広げて「ウ」と「イ」を一気に発音する	ㅡ ㅢ

韓国語の母音は、音声学的には単母音(ト、ㅓ、ㅗ、ㅜ、ㅡ、ㅣ、ㅐ、ㅔ、ㅚ、ㅟ) 10個と二重母音(ㅑ、ㅕ、ㅛ、ㅠ、ㅒ、ㅖ、ㅘ、ㅙ、ㅝ、ㅞ、ㅢ) 11個に分かれる。単母音は発音するとき唇の形や舌の位置が変化せず、舌の位置や口を開く程度などによって区別される。一方、二重母音は、唇や舌を動かしながら発音する。ただし、ㅚとㅟはそれぞれ二重母音[we]、[wi]のように発音することが多い。

二重母音					
字形		発音	字形		発音
ㅑ	ㅣ + ㅏ	[ja]	ㅘ	ㅗ + ㅏ	[wa]
ㅕ	ㅣ + ㅓ	[jə]	ㅙ	ㅗ + ㅐ	[wɛ]
ㅛ	ㅣ + ㅗ	[jo]	ㅝ	ㅜ + ㅓ	[wo]
ㅠ	ㅣ + ㅜ	[ju]	ㅞ	ㅜ + ㅔ	[we]
ㅒ	ㅣ + ㅐ	[jɛ]	ㅢ	ㅡ + ㅣ	[ɨi]
ㅖ	ㅣ + ㅖ	[je]			

2. 子音字母

子音の場合は、調音器官をかたどって基本となる五つの字母(ㄱ、ㄴ、ㅁ、ㅅ、ㅇ)が作られた。下の表のように、ㄱは舌根が喉をふさぐ形、ㄴは舌が硬口蓋につく形、ㅁは口を開いた形、ㅅは歯と歯の間から空気を出す形、ㅇは喉を大きく開けた形を表す。また、これらの字母に画を加えてㅋ、ㄷ、ㅂなどを作り、これらの字母を並べてㄲ、ㄸ、ㅃなどを作った。

調音器官	子音		
	ㄱ		ㅋ
	ㄴ	ㄷ	ㅌ
	ㅁ	ㅂ	ㅍ
	ㅅ	ㅈ	ㅊ
	ㅇ	ㆆ*	ㅎ

ㆆ* : 現在は使われない字母

各子音の発音と書き順は次のとおりである。

(1) 基本子音字母

子音	音価	発音	書き順
ㄱ	[k], [g]	語頭ではカ行の子音, 語中・語末ではガ行の子音	

ㄴ	[n]	ナ行の子音	ㄴ
ㄷ	[t], [d]	語頭ではタ・テ・トの子音, 語中・語末ではダ・デ・ドの子音	ㄷ
ㄹ	[r], [l]	初声では[r], 終声では[l]	ㄹ
ㅁ	[m]	マ行の子音	ㅁ
ㅂ	[p], [b]	語頭ではパ行の子音, 語中・語末ではバ行の子音	ㅂ
ㅅ	[s], [ʃ]	サ行の子音	ㅅ
ㅇ	なし, [ŋ]	初声では子音なし, 終声では[ŋ](ng)	ㅇ
ㅈ	[tʃ], [dʒ]	語頭ではチャ行の子音, 語中・語末ではジャ行の子音	ㅈ
ㅊ	[tʃʰ]	息の強いチャ行の子音	ㅊ
ㅋ	[kʰ]	息の強いカ行の子音	ㅋ
ㅌ	[tʰ]	息の強いタ・テ・トの子音	ㅌ
ㅍ	[pʰ]	息の強いパ行の子音	ㅍ
ㅎ	[h]	ハ行の子音	ㅎ

(2) 複合子音字母

子音	音価	発音	書き順
ㄲ	[k']	喉を緊張させて発音するカ行の子音	
ㄸ	[t']	喉を緊張させて発音するタ・テ・トの子音	
ㅃ	[p']	喉を緊張させて発音するパ行の子音	
ㅆ	[s']	喉を緊張させて発音するサ行の子音	
ㅉ	[tʃ']	喉を緊張させて発音するチャ行の子音	

3. 音節

　子音と母音が結合して一度に発音できる音のかたまりを作るが、これを音節という。韓国語の音節は初声・中声・終声から成り、初声と終声の位置には子音、中声の位置には母音が来る。韓国語で可能な音節構造は次の四種類である。

(1) 母音

母音だけで音節を成すことがある。この場合、子音がないことを表す ㅇ と母音字母を組み合わせて書く。縦長の ㅣ を含む母音字母と結合したものは 아、어、이 のように ㅇ の右に母音字母を書き、横長の ㅡ を含む母音字母と結合したものは 오、우、으 のように ㅇ の下に母音字母を書く。書き順は、左から右へ、上から下へ。

ㅇ ＋ ㅏ ＝ 아　　　　ㅇ ＋ ㅜ ＝ 우

(2) 子音＋母音

子音と母音が結合する場合にも、上と同様に子音字母と母音字母を組み合わせて一文字にして書き表す。

ㄱ ＋ ㅏ ＝ 가　　　　ㄷ ＋ ㅗ ＝ 도

(3) 母音＋子音

母音の後に子音が結合して音節を成す場合もある。音価のない初声字母 ㅇ の右あるいは下に中声字母を書き、さらにその下に終声字母を書く。この終声字母を「パッチム」という。

ㅇ ＋ ㅣ ＋ ㅂ ＝ 입　　　　ㅇ ＋ ㅡ ＋ ㅁ ＝ 음

(4) 子音＋母音＋子音

子音と母音の後に子音が結合した音節構造もある。

ㄱ ＋ ㅏ ＋ ㅇ ＝ 강

ㄷ ＋ ㅗ ＋ ㄴ ＝ 돈

4. 平音・激音・濃音

韓国語の子音(破裂音・破擦音・摩擦音)は、発音する際の息の出し方によって3種類に分けられる。普通の強さで息を出す子音を「平音」(ㄱ、ㄷ、ㅂ、ㅅ、ㅈ)、激しく息を吐き出す子音を「激音」(ㅋ、ㅌ、ㅍ、ㅊ)、のどを緊張させて発音する子音を「濃音」(ㄲ、ㄸ、ㅃ、ㅆ、ㅉ)と呼ぶ。

平音	ㄱ	ㄷ	ㅂ	ㅅ	ㅈ
激音	ㅋ	ㅌ	ㅍ		ㅊ
濃音	ㄲ	ㄸ	ㅃ	ㅆ	ㅉ

5. パッチム

　最初に来る子音字母と最後に来る子音字母(パッチム)は発音が異なる。最初に来る子音字母の場合には次に来る母音と一緒になって本来の音価がそのまま表れるが、最後に来る子音字母の場合には代表音で発音される。

🔘 Track 003

パッチム			発音	例
ㄱ	ㅋ	ㄲ	[k]	각, 부엌
ㅂ	ㅍ		[p]	입, 잎
ㄴ			[n]	눈
ㅁ			[m]	봄
ㄹ			[l]	길
ㅇ			[ŋ]	영
ㄷ	ㅌ		[t]	낟, 낫, 낮, 낯, 낱, 낳, 났
ㅅ		ㅆ		
ㅈ	ㅊ			
ㅎ				

二重パッチムには、最初の子音字母を発音する場合と二番目の子音字母を発音する場合がある。例えば、ㄳ、ㄶ、ㄵ、ㄼ、ㄾ、ㅄなどは最初の子音字母を発音し、ㄺ、ㄻ、ㄿなどは二番目の子音字母を発音する。

① 二重パッチムのうち左の子音字母を発音する例 Track 004

　삯 [삭]　　　　많다 [만타]　　　앉다 [안따]

　여덟 [여덜]　　　핥다 [할따]　　　값 [갑]

② 二重パッチムのうち右の子音字母を発音する例 Track 005

　닭 [닥]　　　　삶 [삼]　　　　읊다 [읍따]

1. 다음을 읽고 써 봅시다. 次の文字や単語を読みながら書いてみましょう。　⏺ Track 006

아	아		요	요	
야	야		우	우	
어	어		유	유	
여	여		으	으	
오	오		이	이	

아이	오이	우유	여우	아우
子ども	きゅうり	牛乳	きつね	弟

	ㅏ	ㅑ	ㅓ	ㅕ	ㅗ	ㅛ	ㅜ	ㅠ	ㅡ	ㅣ
ㄱ	가				고			규		
ㄴ		냐					누			
ㄷ				뎌					드	
ㄹ			러			료				리

가구 家具	고기 肉	야구 野球	아기 赤ちゃん	누나 (弟から見て)姉
구두 靴	나라 国	다리 足	라디오 ラジオ	오리 カモ・アヒル

25

Track 008

	ㅏ	ㅑ	ㅓ	ㅕ	ㅗ	ㅛ	ㅜ	ㅠ	ㅡ	ㅣ
ㅁ					모			뮤		
ㅂ		뱌					부			
ㅅ				셔					스	
ㅇ			어							이
ㅈ	자					죠				

어머니 母	머리 頭	부모 両親	비누 石鹸	두부 豆腐
보리 麦	소나무 松	아버지 父	바지 ズボン	수저 スプーンと箸

26

	ㅏ	ㅑ	ㅓ	ㅕ	ㅗ	ㅛ	ㅜ	ㅠ	ㅡ	ㅣ
ㅊ					초			츄		
ㅋ		캬					쿠			
ㅌ				텨					트	
ㅍ				퍼						피
ㅎ	하					효				

차 お茶	치마 スカート	기차 汽車	포도 ぶどう	도토리 どんぐり
하마 カバ	피리 笛	키 背	코 鼻	파 ねぎ

2. 다음을 잘 듣고 들은 것을 √ 표시해 보세요. Track 010
次の発音をよく聞き、合っているほうに√を付けましょう。

(1) ㉮ 가다　㉯ 까다　　　　(2) ㉮ 다르다　㉯ 따르다

(3) ㉮ 타다　㉯ 따다　　　　(4) ㉮ 바르다　㉯ 빠르다

(5) ㉮ 피다　㉯ 삐다　　　　(6) ㉮ 사다　㉯ 싸다

(7) ㉮ 차다　㉯ 짜다　　　　(8) ㉮ 지다　㉯ 찌다

(9) ㉮ 지다　㉯ 치다　　　　(10) ㉮ 주다　㉯ 추다

 Track 011

3. 다음 받침을 잘 듣고 따라 읽으세요. パッチムに注意しながら、次の単語をよく聞いて、読んでみましょう。

字母	発音	単語
ㄱ, ㄲ, ㅋ	[-k]	국, 밖, 부엌
ㄴ	[-n]	눈, 논, 돈, 문, 인간
ㄷ, ㅌ ㅅ, ㅆ ㅈ, ㅊ ㅎ	[-t]	듣다, 밑 낫, 있다 낮, 낯 히읗
ㄹ	[-l]	길, 실, 말, 글, 잘, 가을
ㅁ	[-m]	봄, 마음, 감, 밤, 김
ㅂ, ㅍ	[-p]	밥, 입, 법 잎, 앞, 숲
ㅇ	[-ng]	한강, 공항, 방, 콩, 중, 상

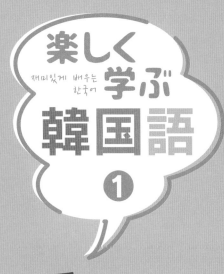

재미있게 배우는 한국어

楽しく学ぶ韓国語①

で

一緒に韓国語を学びましょう

01 안녕하세요? 만나서 반가워요.

こんにちは。お会いできてうれしいです。

다음 그림에 알맞은 것을 ㉮~㉺에서 골라 빈칸에 써넣으세요.
次の絵に合うものを㉮~㉺から選んで空欄に書き入れましょう。

㉮ 네. 안녕하세요?   ㉯ 처음 뵙겠습니다.   ㉰ 만나서 반가워요.

㉱ 이름이 뭐예요?   ㉲ 제 이름은 ○○○이에요.   ㉳ 안녕히 계세요.

(1)

(2)

(3)

(4)

(5)

(6)

영 회 안녕하세요? 제 이름은 *김영희*예요.

히 로 네, 안녕하세요? 저는 *히로 다다시*예요.

영 회 *히로* 씨, 일본 사람이에요?

히 로 네. 일본 사람이에요. *영희* 씨는 학생이에요?

영 회 네. 학생이에요. *히로* 씨도 학생이에요?

히 로 아니요. 저는 회사원이에요.

영 회 만나서 반가워요.

ヨンヒ こんにちは。私の名前はキム・ヨンヒです。

廣   こんにちは。私は廣忠です。

ヨンヒ 廣さんは日本人ですか。

廣   はい、日本人です。ヨンヒさんは学生ですか。

ヨンヒ はい、学生です。廣さんも学生ですか。

廣   いいえ、私は会社員です。

ヨンヒ お会いできてうれしいです。

새 단어 新出単語

안녕하세요? おはようございます、こんにちは、こんばんは

이름 名前   뭐예요? 何ですか

일본 사람 日本人   학생 学生

회사원 会社員   만나다 会う

반갑다 うれしい

발음 発音

連音
パッチムのある文字の後に母音で始まる文字が続く場合、パッチムの子音は次の母音と一緒に発音される。

● 이름이 [이르미]   ● 이름은 [이르믄]

● 사람이에요 [사라미에요]

①

제 이름은
> -예요.
> -이에요.

다음 [보기] 와 같이 맞는 것을 고르세요. 次の例のように正しいものを選びましょう。

[보기] 제 이름은 김영희(예요), 이에요).

(1) 제 이름은 와타나베(예요, 이에요).

(2) 제 이름은 정미진(예요, 이에요).

(3) 제 이름은 스티븐(예요, 이에요).

(4) 제 이름은 장쯔이(예요, 이에요).

(5) 제 이름은 테리(예요, 이에요).

文型1

-이다は、名詞と結合して、主語と述語が同じであることを意味する。-이에요や-예요はインフォーマルな終結語尾である。

例 저는 학생이에요.
(私は学生です。)

上の文は、저(私)と학생(学生)が同じであることを表す。-이에요と-예요は、直前の名詞の語末にパッチムがあるかないかで使い分ける。名詞の語末にパッチムがあれば-이에요、パッチムがなければ-예요を付ける。ここでは、自分の名前を紹介するのに使われている。

例 저는 야마다 히로시예요.
(私は山田浩です。)

②

저는
> -예요.
> -이에요.

다음 [보기] 와 같이 맞는 것을 고르세요. 次の例のように正しいものを選びましょう。

[보기] 저는 와타나베 요시야스(예요), 이에요).
저는 대학생(예요, 이에요).

(1) 저는 정호진(예요, 이에요).

(2) 저는 이예라(예요, 이에요).

(3) 저는 은행원(예요, 이에요).

(4) 저는 회사원(예요, 이에요).

(5) 저는 의사(예요, 이에요).

▶ 은행원 銀行員 | 회사원 会社員 | 의사 医者

文型2

저는1人称の謙譲語で、日本語の「私(わたくし)」に相当する。-은/는は日本語の「-は」のように主題を表す副助詞で、直前の名詞の語末にパッチムがあれば-은、パッチムがなければ-는を付ける。ここでは、名前や身分(職業)を表す補語-이다と一緒に使われている。

例 저는 회사원이에요.
(私は会社員です。)

제 동생은 학생이에요.
(私の弟/妹は学生です。)

중요 문형 重要文型

3

가 – 사람이에요?
나 네. – 사람이에요. / 아니요. – 사람이 아니에요.

다음 보기 와 같이 대화를 완성하세요. 次の例のように会話を完成させましょう。

보기
가 한국 사람이에요? 가 일본 사람이에요?
나 네. 한국 사람이에요. 나 아니요. 일본 사람이 아니에요.

(1) 가 일본 사람이에요? 나 네. ______________.

(2) 가 미국 사람이에요? 나 네. ______________.

(3) 가 중국 사람이에요? 나 아니요. ______________.

(4) 가 ______사람이에요?(일본) 나 네. ______________.

(5) 가 ______사람이에요?(~~한국~~ /일본)
나 아니요. ______________. ______사람이에요.

▶ 한국 韓国 | 일본 日本 | 미국 アメリカ | 중국 中国

文型3
–이다を使った疑問文でも、**文型1**で説明したのと同じように、直前の名詞の語末にパッチムがあるかないかで–이에요?と–예요?を使い分け、文末を上げて発音する。答える場合には、네. –이에요/–예요や아니요. –이/가 아니에요となる。

4

–도 –예요?
–이에요?

다음 보기 와 같이 대화를 완성하세요. 次の例のように会話を完成させましょう。

보기
가 와타나베 씨도 학생이에요?
와타나베 아니요. 저는 회사원이에요.

(1) 가 제인 씨도 회사원이에요? 제인 아니요. ________.(학생)

(2) 가 스티븐 씨도 학생이에요? 스티븐 아니요. ________.(가수)

(3) 가 호진 씨도 선생님이에요? 호진 아니요. ________.(회사원)

(4) 가 지훈 씨도 은행원이에요? 지훈 아니요. ________.(의사)

(5) 가 상민 씨도 의사예요? 상민 아니요. ________.(은행원)

▶ 선생님 先生

文型4
–도は主語や目的語の名詞に付けて「–も」という意味を表す。ここでは、既出の質問と同様の質問をする場面で、主格助詞–이/가や主題を表す副助詞–은/는のかわりに使われている。

例 가 : 저는 학생이에요.
(私は学生です。)
존 씨도 학생이에요?
(ジョンさんも学生ですか。)
나 : 네. 저도 학생이에요.
(はい。私も学生です。)

● Track 014

가 안녕하세요?

나 네,

가 저는 ――――― -예요.
　　　　　　　　-이에요.

나 　　　　　사람이에요?

가 네.　　　　　사람이에요.

나 반가워요.

위 대화문 빈칸에 다음의 단어나 표현을 사용하여 두 사람씩 짝을 지어 인사해 보세요.
二人ずつペアを組んで、上の会話文の空欄に次の単語や表現を入れてあいさつしてみましょう。

인사 あいさつ

안녕하세요? こんにちは。
처음 뵙겠습니다. はじめまして。
제 이름은 김영희예요. 私の名前はキム・ヨンヒです。
저는 박미진이에요. 私はパク・ミジンです。

국가 国家

일본 日本

중국 中国

미국 アメリカ

캐나다 カナダ

호주 オーストラリア

러시아 ロシア

베트남 ベトナム

프랑스 フランス

가 _____ 씨,

나 네.

_____ 씨도

가 아니요. 저는

-예요?
-이에요?

-예요.
-이에요.

-예요?
-이에요?

-예요.
-이에요.

● 위 대화문 빈칸에 다음의 단어를 사용하여 상대방과 함께 이야기해 보세요.

ペアを組んで、上の会話文の空欄に次の単語を入れて話してみましょう。

직업 職業

학생 學生

가수 歌手

운동선수 スポーツ選手

의사 医者

변호사 弁護士

주부 主婦

기자 記者

디자이너 デザイナー

회사원 会社員

① 보기 와 같이 친구들에게 서로 질문하고 다음 표를 써 보세요.　　◎ Track 016

例のように、友だちどうし質問して次の表に書き込みましょう。

	친구 1	친구 2	친구 3	친구 4
이름이 뭐예요?	*제리 베이커*			
어느 나라 사람이에요?	*미국* 사람			
직업이 뭐예요?	*기자*			

보기

가　이름이 뭐예요?

나　**제리 베이커**예요.

가　어느 나라 사람이에요?

나　**미국 사람**이에요.

가　직업이 뭐예요?

나　**기자**예요.

▶ 직업 職業

36

2 보기 와 같이 여러분 친구를 소개해 보세요. 例のように、みなさんの友だちを紹介してみましょう。 Track 017

(1)

다마키
일본 사람
기자

(2)

티엔
베트남 사람
주부

(3)

마리
프랑스 사람
디자이너

보기

제 친구 이름은 *마이클*이에요.
마이클 씨는 *미국* 사람이에요.
마이클 씨는 영어 선생님이에요.

마이클
미국 사람
영어 선생님

1 다음 글을 읽고 알맞은 답을 쓰세요. 次の文章を読んで、適当な答えを書きましょう。

안녕하세요?
저는 와타나베 요시야스예요.
일본 사람이에요.
회사원이에요.

(1) 이 사람 이름이 뭐예요? この人の名前は何ですか。

_____

(2) 이 사람은 어느 나라 사람이에요? この人はどの国の人ですか。

_____

(3) 이 사람의 직업은 뭐예요? この人の職業は何ですか。

_____

2 위의 본문과 같이 자기소개를 써 보세요. 上の本文のように、自己紹介文を書いてみましょう。

_____

_____

_____

_____

1 다음을 잘 듣고 *마이클* 씨의 직업을 고르세요. 音声をよく聞いて、マイケルさんの職業を選びましょう。 ◐ Track 018

㉮ 　㉯ 　㉰

2 다음을 잘 듣고 맞는 그림을 고르세요. 音声をよく聞いて、適当な絵を選びましょう。 ◐ Track 019

㉮ 　㉯ 　㉰

3 다음을 잘 듣고 맞는 상황을 고르세요. 音声をよく聞いて、適当な状況を選びましょう。 ◐ Track 020

㉮ 　㉯ 　㉰

02 동생이 둘 있어요.
弟/妹が二人います。

다음 그림에 알맞은 단어를 ㉮~㉦에서 골라 빈칸에 써넣으세요. 次の絵に合う単語を㉮~㉦から選んで空欄に書きましょう。

㉮ 어머니　　㉯ 여동생　　㉰ 할머니　　㉱ 딸　　㉲ 오빠　　㉳ 형

㉴ 아버지　　㉵ 남동생　　㉶ 할아버지　　㉷ 아들　　㉸ 언니　　㉦ 누나

(1)

(2)

(3)

(4)

(5)

대화 会話

🔘 Track 021

진수 동생이 있어요?

제임스 네. 동생이 둘 있어요.

진수 그럼, 형도 있어요?

제임스 아니요. 없어요. 누나가 있어요.

진수 저는 형하고 여동생이 하나 있어요.

제임스 부모님이 계세요?

진수 네. 부모님은 부산에 계세요.

ジンス　　　弟/妹さんがいますか。

ジェームス　はい、弟/妹が二人います。

ジンス　　　じゃあ、お兄さんもいますか。

ジェームス　いいえ、いません。姉がいます。

ジンス　　　私は兄と妹が一人います。

ジェームス　ご両親はいらっしゃいますか。

ジンス　　　はい、両親は釜山にいます。

새 단어 新出単語

부모님 (ご)両親

있다 ある、いる　　계시다 いらっしゃる

있다 ある、いる ↔ 없다 ない、いない

하나 一つ、一人　　둘 二つ、二人　　셋 三つ、三人

넷 四つ、四人　　다섯 五つ、五人

그럼 じゃあ　　　부산 釜山

🔘 Track 022

발음 発音

連音

パッチムのある文字の後に母音で始まる文字が続く場合、パッチムの子音は次の母音と一緒に発音される。

● 있어요 [이써요]　　　● 없어요 [업써요]　　　● 부모님이 [부모니미]

● 부모님은 [부모니믄]　● 부산에 [부사네]

1

(저는) −이/가   있어요.
            없어요.

다음 보기 와 같이 맞는 것을 고르세요. 次の例のように、正しいものを選びましょう。

보기   저는 언니(이/가) (있어요, 없어요).   언니 /오빠

(1) 저는 형(이/가) (있어요, 없어요).   형/ 누나

(2) 저는 여동생(이/가) (있어요, 없어요).   여동생 / 남동생

(3) 저는 오빠(이/가) (있어요, 없어요).   언니 /오빠

(4) 저는 남동생(이/가) (있어요, 없어요).   오빠 / 남동생

(5) 저는 누나(이/가) (있어요, 없어요).   누나 / 형

2

−하고 −

다음 보기 와 같이 '하고'를 써서 두 단어를 연결해 보세요.
次の例のように、「하고」を使って二つの単語をつなげてみましょう。

보기   형하고 여동생이 있어요.   형, 여동생

(1) _____ 이 있어요.   누나, 형

(2) _____ 가 있어요.   여동생, 누나

(3) _____ 이 있어요.   오빠, 남동생

(4) _____ 이 있어요.   부모님, 여동생

(5) _____ 이 있어요.   언니, 남동생

중요 문형

文型 5

−이/가는 主格助詞で、直前の名詞の語末にパッチムがあるかないかによって使い分ける。パッチムがあれば−이、パッチムがなければ−가を付ける。

例 1) 교과서가 있어요.
    (教科書があります。)

　 2) 책상이 있어요.
    (机があります。)

있다には、1) 事物や人などの存在を表す「ある・いる」、2) 所有を表す「持つ(ある・いる)」、3) 滞在を表す「留まる」などの意味がある。

例 1) 책상이 있어요.
    (机があります。)[存在]

　 2) 친구가 있어요.
    (友だちがいます。)[所有]

　 3) 신라호텔에 있어요.
    (新羅ホテルにいます。)
    [滞在]

文型 6

−하고 −は、日本語の「−と」のように二つの名詞をつなぐ働きをし、直前の名詞の語末にパッチムがあるかないかに関係なく使うことができる。また、口語体で多く使われる。

例 교과서하고 사전
  (教科書と辞書)

　 사전하고 교과서
  (辞書と教科書)

③

> (-은/는) -에 계세요.
> 있어요.

다음 보기 와 같이 문장을 완성하세요. 次の例のように、文章を完成させましょう。

> 보기
> 부모님(은/는) 부산 → 부모님(은)는) 부산에 계세요.
> 누나(은/는) 서울 → 누나(은/는) 서울에 있어요.

(1) 형(은/는) 서울 _____.

(2) 언니(은/는) 부산 _____.

(3) 부모님(은/는) 베이징 _____.

(4) 오빠(은/는) 도쿄 _____.

(5) 남동생(은/는) 뉴욕 _____.

▶ 서울 ソウル │ 베이징 北京 │ 도쿄 東京 │ 뉴욕 ニューヨーク

文型7

- -에는、日本語の「-に」のように場所を表す名詞と一緒に使われ、後ろには있다(ある・いる)や살다(住む)などのような状態を表す用言が続くことが多い。

- 계세요(いらっしゃいます)は있어요(います)の尊敬語で、目上の人を高めるときには있어요でなく계세요を使う。

- -은/는は主題を表す副助詞である。

④

> -은/는 없어요.

다음 보기 와 같이 대화를 완성하세요. 次の例のように、会話を完成させましょう。

> 보기
> 가 형도 있어요?
> 나 아니요. 형은 없어요.

(1) 가 동생도 있어요?
　　나 아니요. _____.

(2) 가 누나도 있어요?
　　나 아니요. _____.

(3) 가 오빠도 있어요?
　　나 아니요. _____.

(4) 가 남동생도 있어요?
　　나 아니요. _____.

文型8

ここで-은/는(-는)は「対比・強調」の意味を表す。형도 있어요?(お兄さんもいますか)ときかれたのに対し、형은 없어요.(兄はいません)と「対比・強調」の意味を伴って答えている。

☞ **文型2** -은/는

Track 023

가   ⁻이 있어요?
          ⁻가

나 네.   ⁻이   있어요.
             ⁻가

가 그럼,   도 있어요?

나 네. 있어요. /
    아니요. 없어요.

● 위 대화문 빈칸에 다음의 단어를 이용하여 짝과 함께 가족에 대해 이야기해 보세요.
ペアを作って、上の会話文の空欄に次の単語を入れ、家族について話してみましょう。

가족 家族

누나 (弟から見て)姉
형 (弟から見て)兄
나 僕
남동생 弟
오빠 (妹から見て)兄
언니 (妹から見て)姉
나 私
여동생 妹

수 数

1	2	3	4	5	6	7	8	9	10
하나	둘	셋	넷	다섯	여섯	일곱	여덟	아홉	열
一つ、一人	二つ、二人	三つ、三人	四つ、四人	五つ、五人	六つ、六人	七つ、七人	八つ、八人	九つ、九人	十、十人

회화 연습 2 会話練習2

🔵 Track 024

가　부모님이 계세요?

나　네. 부모님이 _____ 에 계세요.

　　_____씨도 부모님이 계세요?

가　네. 부모님이 _____ 에 계세요.

　　_____ 하고 _____ 도 _____ 에 있어요.

● 위 대화문 빈칸에 다음의 단어를 이용하여 짝과 함께 부모님께서 계신 도시에 대해 이야기해 보세요.
ペアを作って、上の会話文の空欄に次の単語を入れ、ご両親がいらっしゃる都市について話してみましょう。

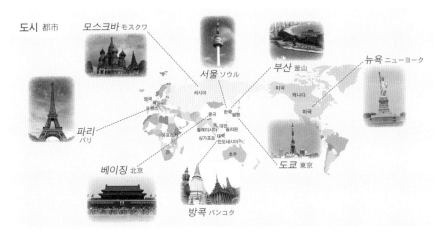

도시 都市　　모스크바 モスクワ　　서울 ソウル　　부산 釜山　　뉴욕 ニューヨーク

파리 パリ

베이징 北京　　방콕 バンコク　　도쿄 東京

가족 家族					
형 (弟から見て)兄	오빠 (妹から見て)兄	남동생 弟	누나 (弟から見て)姉	언니 (妹から見て)姉	여동생 妹

🔘 Track 025

1 보기 와 같이 가족이 몇 명이고 어디에 사는지 친구들에게 물어보세요. 그리고 아래의 표에 쓰세요.

例のように、家族は何人でどこに住んでいるか、友だちにきいてみましょう。そして、下の表も完成させましょう。

		부모님	언니	오빠	형	누나	여동생	남동생
보기	존	뉴욕			1, 뉴욕		1, 파리	
	왕찡		1, 베이징	1, 베이징				

보기

왕찡　부모님이 어디 계세요?

존　부모님은 **뉴욕**에 계세요.

왕찡　형이 있어요?

존　네. **형**이 하나 있어요. **형**도 **뉴욕**에 있어요.

왕찡　그럼, 동생도 있어요?

존　네. **여동생**이 **파리**에 있어요. **왕찡** 씨는요?

왕찡　저는 **오빠**하고 언니가 하나 있어요.

　　베이징에 있어요.

2 여러분의 가족사진을 보여 주면서 다음 보기 와 같이 친구들에게 가족을 소개하세요. ● Track 026

次の例のように、みなさんの家族写真を見せながら、友だちに家族を紹介しましょう。

(1)   (2)

보기

저는 남동생이 하나, 여동생이 하나 있어요.
남동생하고 여동생은 *베이징*에 있어요. 학생이에요.
부모님도 *베이징*에 계세요. 어머니는 선생님이에요.
아버지도 선생님이에요.

① 다음 글을 읽고 질문에 답하세요. 次の文章を読んで、質問に答えましょう。

저는 누나가 하나, 동생이 둘 있어요.
여동생하고 남동생이에요. 누나는 프랑
스 파리에 있어요. 여동생하고 남동생
은 베이징에 있어요. 부모님도 베이징에
계세요.

(1) 이 사람의 가족은 모두 몇 명이에요? この人の家族はみんなで何人ですか。

   ㉮ 셋   ㉯ 넷   ㉰ 다섯   ㉱ 여섯

(2) 이 사람의 누나는 어디에 있어요? この人のお姉さんはどこにいますか。

   _____

(3) 이 사람의 동생과 부모님은 어디에 있어요? この人の弟/妹と両親はどこにいますか。

   _____

② 위의 본문과 같이 자신의 가족에 대해서 써 보세요. 上の本文のように、自分の家族について書いてみましょう。

_____

_____

_____

_____

---

1 다음을 잘 듣고 그림에 맞게 연결하세요. 音声をよく聞いて、絵に合うようにつなぎましょう。　🔵 Track 027

(1) 현우　●

(2) 지영　●

(3) 준호　●

● ㉮

● ㉯

● ㉰

---

2 다음을 잘 듣고 내용이 맞으면 ○, 틀리면 ✕표 하세요.　🔵 Track 028

音声をよく聞いて、内容が合っていれば○、間違っていれば×をしましょう。

(1) 나오미 씨는 오빠가 있어요.　　　　　　　　(　　)

(2) 나오미 씨 오빠는 모스크바에 있어요.　　　　(　　)

---

3 다음을 잘 듣고 빈칸을 완성하세요. 音声をよく聞いて、空欄を埋めましょう。　🔵 Track 029

(1) 여동생 :　_____명

(2) 형 :　_____명

(3) 누나가 어디에 있어요? :　_____

(4) 가족은 모두 몇 명이에요? :　_____명

03 기숙사가 어디에 있어요?

寮はどこにありますか。

다음 그림에 알맞은 것을 ⑦~⑤에서 골라 빈칸에 써넣으세요.

次の絵に合うものを ⑦～⑤ から選んで空欄に書き入れましょう。

⑦ 기숙사　　⑭ 서점　　⑮ 우체국　　⑯ 은행　　⑰ 학교　　⑱ 백화점

⑲ 극장　　⑳ 도서관　　㉑ 병원　　㉒ 화장실　　㉓ 편의점　　⑤ 식당

(1)

⑲

(2)

(3)

(4)

(5)

(6)

(7)

(8)

(9)

(10)

(11)

(12)

● Track 030

나오키 집이 어디예요?

수정 상암동이에요. *나오키* 씨는요?

나오키 저는 기숙사에 살아요.

수정 기숙사가 어디에 있어요?

나오키 어학당 맞은편에 있어요.

수정 아, 그래요. 기숙사에 식당이 있어요?

나오키 네. 있어요.

直樹   家はどこですか。

スジョン 上岩洞です。直樹さんは？

直樹   私は寮に住んでいます。

スジョン 寮はどこにありますか。

直樹   語学堂の向かい側にあります。

スジョン あ、そうですか。寮に食堂がありますか。

直樹   はい。あります。

새 단어 新出単語

집 家	어디 どこ
상암동 上岩洞	살다 住む
어학당 語学堂(語学研修院)	맞은편 向かい側
그래요 そうです(か)	

● Track 031

발음 発音

連音
パッチムのある文字の後に母音で始まる文字が続く場合、パッチムの子音は次の母音と一緒に発音される。

● 살아요 [사라요]   ● 옆에 [여페]

濃音化
パッチムが/ㄱ、ㄷ、ㅂ/で発音され、その後に「ㄱ、ㄷ、ㅂ、ㅅ、ㅈ」で始まる文字が続く場合、後続の
「ㄱ、ㄷ、ㅂ、ㅅ、ㅈ」を濃音/ㄲ、ㄸ、ㅃ、ㅆ、ㅉ/で発音する。

● 기숙사 [기숙싸]   ● 학교 [학꾜]

● 식당 [식땅]   ● 잡고 [잡꼬]

①

가 **집이 어디예요?**
나 −예요.
　 −이에요.

文型 9

집이 어디예요?(家はどこで
すか)は、집이 어디에 있어
요?(家はどこにありますか)と
いう意味である。ただし、ここ
で「家」は「相手の家」を指す。

다음 보기 와 같이 주어진 단어를 사용하여 대화를 완성하세요.
次の例のように、与えられた単語を使って会話を完成させましょう。

보기
가 집이 어디예요?
나 **상암동이에요.** (상암동)

(1) 가 집이 어디예요?
　 나 ＿＿＿＿＿＿. (이태원)

(2) 가 집이 어디예요?
　 나 ＿＿＿＿＿＿. (대학로)

(3) 가 ＿＿＿＿＿＿?
　 나 ＿＿＿＿＿＿. (잠실)

(4) 가 ＿＿＿＿＿＿?
　 나 ＿＿＿＿＿＿. (신촌)

신촌　대학로
상암동
이태원　잠실

▶ 이태원 梨泰院 ｜ 대학로 大學路 ｜ 잠실 蠶室 ｜ 신촌 新村 ｜ 명동 明洞

②　**−은/는요?**

文型 10

−은/는요?という表現は、既出
の内容を繰り返さず簡単に質問
する場合に使う。すなわち、
저는 기숙사에 살아요. 제임
스 씨는 어디에 살아요?(私は
寮に住んでいます。ジェーム
スさんはどこに住んでいます
か)を、저는 기숙사에 살아요.
제임스 씨는요?(私は寮に住ん
でいます。ジェームスさんは?)
と言える。

다음 보기 와 같이 주어진 단어를 사용하여 문장을 완성하세요.
次の例のように、与えられた単語を使って文章を完成させましょう。

보기 저는 기숙사에 살아요. **제임스 씨는요?** (제임스 씨)

(1) 저는 학생이에요. ＿＿＿＿＿는요? (진수 씨)

(2) 저는 중국 사람이에요. ＿＿＿＿＿? (왕핑 씨)

(3) 저는 동생이 하나 있어요. ＿＿＿＿＿? (선생님)

(4) 저는 신촌에 살아요. ＿＿＿＿＿? (진수 씨)

❸ −은/는 −에 살아요.

다음 [보기] 와 같이 주어진 단어를 사용하여 문장을 완성하세요.
次の例のように、与えられた単語を使って文章を完成させましょう。

[보기] 저(은/는) 기숙사에 살아요.   (저, 기숙사)

(1) _____ (은/는) _____ . (저, 하숙집)

(2) _____ (은/는) _____ . (마이클 씨, 친척 집)

(3) _____ . (저, 아파트)

(4) _____ . (제임스 씨, 친구 집)

▶ 기숙사 寮 | 하숙집 下宿 | 친척 집 親戚の家 | 아파트 マンション |
친구 집 友だちの家 | 오피스텔 オフィステル(事務所・住居兼用マンション)

❹ −이/가 어디에 있어요?

다음 [보기] 와 같이 주어진 단어를 사용하여 문장을 완성하세요.
次の例のように、与えられた単語を使って文章を完成させましょう。

[보기] 기숙사가 어디에 있어요?   (기숙사)

(1) _____ ? (식당)

(2) _____ ? (어학당)

(3) _____ ? (학교)

(4) _____ ? (화장실)

文型11

−은/는は日本語の「-は」のように主題を表す副助詞である。
−에は日本語の「-に」のように場所を表す名詞と一緒に使われ、後ろには있다(ある・いる)や살다(住む)などのような状態を表す用言が続くことが多い。
(☞ **文型2** , **文型7**)

例 서울에 살아요.
(ソウルに住んでいます。)

학교에 있어요.
(学校にいます。)

文型12

名詞+이/가 어디에 있어요?
(〜はどこにありますか)は、名詞+이/가 어디예요?(〜はどこですか)と同じような意味の文である。(☞ **文型9**)

가 집이 어디예요?

나 _____ -예요.
　　　　　　　　　 -이에요.

　　_____ 씨는요?

가 저는 　　　　 에 살아요.

나 　　　-이
　　　　-가 어디에 있어요?

가 _____ (근처)에 있어요.

● **위 대화문 빈칸에 다음의 단어를 사용하여 두 사람씩 짝을 지어 자기 집에 대해 이야기해 보세요.**
二人ずつペアを組んで、上の会話文の空欄に次の単語を入れ、自分の家について話してみましょう。

지명 地名

상암동
上岩洞

대학로
大学路

신촌
新村

잠실
蠶室

명동
明洞

이태원
梨泰院

장소 場所

기숙사 寮	친척 집 親戚の家	친구 집 友だちの家	하숙집 下宿
아파트 マンション	오피스텔 オフィステル(事務所・住居兼用マンション)		원룸 ワンルームマンション

▶ 근처 近所

가   -이 어디에 있어요?
      -가

나   에 있어요.

가   에   -이 있어요?
                     -가

나 네. 있어요. /
  아니요. 없어요.

● 위 대화문 빈칸에 다음의 단어를 사용하여 위의 그림에 있는 각 장소의 위치를 설명해 보세요.
  上の会話文の空欄に次の単語を入れて、上の絵にある各場所の位置を説明してみましょう。

장소 場所

극장 劇場・映画館

기숙사 寮

도서관 図書館

백화점 デパート

병원 病院

서점 本屋

식당 食堂

우체국 郵便局

은행 銀行

편의점 コンビニ

학교 学校

화장실 トイレ

위치 位置

위 上

뒤 後ろ

안 內

아래 下

앞 前   옆 橫

박 外

왼쪽 左   오른쪽 右

(A하고 B) 사이 (AとBの)間

1 보기 와 같이 대화를 하며 빈칸에 알맞은 장소 이름을 쓰세요. ● Track 034
適当な場所の名前を入れて、例のように会話をしてみましょう。

보기

학생 A **극장이 어디에 있어요?**

학생 B **회사 맞은편에 있어요.**

학생 A 다음 장소들을 학생 B에게 보기 와 같이 질문하세요. 학생 B의 대답을 듣고 빈칸에 쓰세요. 그리고 학생 B의 질문에 대답하세요. 例のように、次の場所を学生Bに質問し、学生Bの答え を聞いて空欄に書きましょう。そして、学生Bの質問に答えましょう。

어디 도서관, 우체국, 병원

학생 B 다음 장소들을 학생 A에게 보기 와 같이 질문하세요. 학생 A의 대답을 듣고 빈칸에 쓰세요. 그리고 학생 A의 질문에 대답하세요. 例のように、次の場所を学生Aに質問し、学生Aの答 えを聞いて空欄に書きましょう。そして学生Aの質問に答えましょう。

어디 화장실, 백화점, 편의점

2 선생님이나 반 친구들이 읽어 주는 문장을 듣고 다음 방 안 그림에 아래의 물건들의 기호를
써 넣으세요. 先生やクラスメートの読む文章を聞いて、下の室内の絵に次の品物の記号を書き入れましょう。

㉮ 의자

㉯ 전화

㉰ 컴퓨터

㉱ 텔레비전

- 컴퓨터 옆에 전화가 있어요.
- 방문 맞은편에 텔레비전이 있어요.
- 책상 앞에 의자가 있어요.
- 침대 옆에 컴퓨터가 있어요.

1 나오키 씨의 이야기를 읽고 질문에 답하세요. 直樹さんの話を読んで質問に答えましょう。

저는 기숙사에 살아요. 기숙사는 어학당 뒤에 있어요. 기숙사에 식당하고 편의점이 있어요. 기숙사는 학교 병원하고 도서관 사이에 있어요. 기숙사 오른쪽에 학교 병원이 있어요.

(1) 나오키 씨는 어디에 살아요? 直樹さんはどこに住んでいますか。

_____

(2) 기숙사에 무엇이 있어요? 寮に何がありますか。

_____

(3) 도서관은 어디에 있어요? 図書館はどこにありますか。

2 위 **1**번 글과 같이 여러분이 살고 있는 동네를 설명해 보세요.

上の1番の文章のように、みなさんが住んでいる町を説明してみましょう。

저는 　　　　　 에 살아요.

_____

_____

_____

_____

1 다음을 잘 듣고 크리스 씨가 사는 곳을 고르세요. Track 035
音声をよく聞いて、クリスさんの住んでいる所を選びましょう。

㉮ ㉯ ㉰

2 다음을 잘 듣고 맞는 그림을 고르세요. 音声をよく聞いて、正しい絵を選びましょう。 Track 036

㉮  ㉯  ㉰

3 다음을 잘 듣고 맞는 그림을 고르세요. 音声をよく聞いて、正しい絵を選びましょう。 Track 037

㉮  ㉯ ㉰

4 다음을 잘 듣고 내용이 맞으면 ○, 틀리면 ✕표 하세요. Track 038
音声をよく聞いて、内容が合っていれば○、間違っていれば✕をしましょう。

(1) 저는 오피스텔에 살아요.　　　　　　　　　(　　)

(2) 집 근처에 백화점이 있어요.　　　　　　　　(　　)

04 생일이 언제예요?

誕生日はいつですか。

다음 그림에 알맞은 것을 ㉮~㉛에서 골라 빈칸에 써넣으세요.

次の絵に合うものを㉮~㉛から選んで空欄に書き入れましょう。

㉮ 영화를 보나   ㉯ 밥을 먹다   ㉰ 커피를 마시다   ㉱ 쇼핑을 하다   ㉲ 여행을 하다

㉳ 게임을 하다   ㉴ 운동을 하다   ㉵ 숙제를 하다   ㉶ 노래를 하다/부르다

(1)　　　　　　　　(2)　　　　　　　　(3)

(4)　　　　　　　　(5)　　　　　　　　(6)

(7)　　　　　　　　(8)　　　　　　　　(9)

60

나오키 수정 씨, 생일이 언제예요?

수정 3월 15일이에요. *나오키* 씨는요?

나오키 8월 22일이에요.

수정 그럼 내일모레예요?

나오키 네. 모레 시간 있어요?

수정 그날이 금요일이에요? 네. 괜찮아요.

나오키 그럼, 같이 저녁을 먹을까요?

直樹　　　スジョンさん、誕生日はいつですか。

スジョン　3月15日です。直樹さんは？

直樹　　　8月22日です。

スジョン　じゃあ、あさってですか。

直樹　　　はい。あさって、時間ありますか。

スジョン　その日は金曜日ですか。はい、大丈夫です。

直樹　　　じゃあ、一緒に夕食を食べましょうか。

새 단어 新出単語

언제 いつ	내일 明日
(내일)모레 あさって	시간 時間
괜찮아요 大丈夫です	그날 その日
그럼 じゃあ	저녁을 먹다 夕食を食べる

1 일 一　　2 이 二　　3 삼 三　　4 사 四　　5 오 五　　6 육 六　　7 칠 七　　8 팔 八　　9 구 九　　10 십 十

월요일 月曜日　　화요일 火曜日　　수요일 水曜日　　목요일 木曜日　　금요일 金曜日　　토요일 土曜日　　일요일 日曜日

1월 [이뤌]	2월 [이월]	3월 [사뭘]	4월 [사월]	5월 [오월]	6월 [유월]
1月	2月	3月	4月	5月	6月
7월 [치뤌]	8월 [파뤌]	9월 [구월]	10월 [시월]	11월 [시비뤌]	12월 [시비월]
7月	8月	9月	10月	11月	12月

Track 040

발음 発音

連音
パッチムのある文字の後に母音で始まる文字が続く場合、パッチムの子音は次の母音と一緒に発音される。

- 1월 [이뤌]
- 7월 [치뤌]
- 8월 [파뤌]
- 11월 [시비뤌]
- 12월 [시비월]
- 월요일 [워료일]
- 목요일 [모교일]
- 금요일 [그묘일]
- 일요일 [이료일]

口蓋音化
パッチム「ㄷ、ㅌ」で終わる名詞や語幹の後に「이」で始まる助詞や接尾辞が続く場合、「ㄷ、ㅌ」が/ㅈ、ㅊ/に変化し、後ろの母音と結合して/지、치/と発音する。

- 같이 [가치]
- 끝이 [끄치]
- 맏이 [마지]
- 해돋이 [해도지]

문형 연습 文型練習

1

> 가 -이/가 언제예요?
> 나 -월 -일이에요.

다음 보기 와 같이 주어진 단어를 사용하여 대화를 완성하세요.
次の例のように、与えられた単語を使って会話を完成させましょう。

보기
> 가 생일이가 언제예요? (생일) / 휴가이가 언제예요? (휴가)
> 나 4(사)월 20(이십)일이에요. (4/20)

(1) 가 시험(이/가) 언제예요?　　　　　　　　　(시험)

　　나 _____ . (10/22)

(2) 가 어린이날 _____ ? (어린이날)

　　나 _____ . (5/5)

(3) 가 _____ ? (휴일)

　　나 _____ . (8/15)

(4) 가 _____ ? (회의)

　　나 _____ . (6/23)

▶ 휴가 休暇 │ 시험 試験 │ 어린이날 こどもの日 │ 휴일 休日 │ 회의 會議

2

> -(에) 시간 있어요?

다음 보기 와 같이 주어진 단어를 사용하여 문장을 완성하세요.
次の例のように、与えられた単語を使って文章を完成させましょう。

보기
> 주말에 시간 있어요? (주말)

(1) 오늘 저녁 _____ ? (오늘 저녁)

(2) _____ ? (이번 주 토요일)

(3) _____ ? (6월 7일)

(4) _____ ? (내일)

▶ 주말 週末 │ 오늘 今日 │ 이번 주 今週

중요 문형 重要文型

文型13

名詞+이/가 언제예요?(~は
いつですか)は、日付や時刻な
どを質問するときに使う。
例 생일이 언제예요?
　(誕生日はいつですか。)

文型14

-에(-に)は、時間を表す名詞に
付いて、特定のときを表す。た
だし、어제、오늘、내일、모
레などには-에を付けない。
例 오늘에 (X), 내일에 (X)

また、시간(이) 있어요?(時間
(が)ありますか)などの助詞-이
/가(-が)は、口語体ではよく省
略する。
例 주말에 시간 있어요?
　(週末に時間ありますか。)

62

3

> 가 –이/가 무슨 요일이에요?
> 나 –요일이에요.

다음 보기 **와 같이 주어진 단어를 사용하여 대화를 완성하세요.**
次の例のように、与えられた単語を使って会話を完成させましょう。

> 보기
>
> 가 오늘~~이~~가 무슨 요일이에요? (오늘)
>
> 나 월요일이에요. (월)

(1) 가 내일 _____? (내일)

　　나 화_____. (화)

(2) 가 _____? (모레)

　　나 _____. (수)

(3) 가 _____? (시험)

　　나 _____. (목)

(4) 가 _____? (크리스마스)

　　나 _____. (금)

▶ 크리스마스 クリスマス

4

> 가 (같이) $\begin{matrix} -ㄹ \\ -을 \end{matrix}$ 까요?
> 나 네. 좋아요.

다음 보기 **와 같이 주어진 단어를 사용하여 대화를 완성하세요.**
次の例のように、与えられた単語を使って会話を完成させましょう。

> 보기
>
> 가 같이 운동할까요? (운동하다) / 나 네. 좋아요.

(1) 가 같이 _____? (영화를 보다) / 나 네. 좋아요.

(2) 가 같이 _____? (밥을 먹다) / 나 _____.

(3) 가 같이 _____? (커피를 마시다) / 나 _____.

(4) 가 같이 _____? (게임을 하다) / 나 _____.

文型15

–이/가 무슨 요일이에요?は
曜日を尋ねるときに使う文章
である。
例 오늘이 무슨 요일이에요?
（今日は何曜日ですか。）

文型16

主語が우리(私たち)の場合の–
ㄹ/을까요?は、「～ましょう
か」という勧誘を表す。それに
対する答えとしては–ㅂ/읍시
다(～ましょう)も使うが、좋
아요(いいですよ)やそ럽시다
(そうしましょう)などが自然で
ある。語幹末にパッチムがある
ときは–을까요?、パッチムが
ないときは–ㄹ까요?となる。
例 저녁을 먹을까요?
（夕食を食べましょうか。）

같이 갈까요?
（一緒に行きましょうか。）

가 _____ -이
      _____ -가 언제예요?

나 _____ 이에요.

가 무슨 요일이에요?

나 _____ 요일이에요.

● 반 친구에게 다음 날짜에 대해 질문하세요. 次の日にちについてクラスメートに質問しましょう。

4월						
일	월	화	수	목	금	토
			1	2	3	4
5	6	7	8	9	10	11
12	13	14	15	16 시험	17	18
19	20	21	㉒	23	24	25
26	27	28	29	30		

5월						
일	월	화	수	목	금	토
		어린이날			1	2
3	4	⑤	6	7	8	9
10	11	12	13	14	15	16
17	18	19	20	21	22	23
24	25	26	27	28	29	
31						

6월						
일	월	화	수	목	금	토
생일 ⑦	1	2	3	4	5	6
8	8	9	10	11	12	13
14	15	16	17	18	19	20
21	22	23	24	25	26	27
28	29	30				

8월						
일	월	화	수	목	금	토
						1
2	3	4	5	6	7	8
9	10	11	12	13	14	⑮ 휴일
16	17	18	19	20	21	22
23	24	25	26	27	28	29
30	31					

10월						
일	월	화	수	목	금	토
				1	2	3
4	5	6	7	8	9	10
11	12	13	14	15	16	17
18	19	20	21	㉒	23	24
25	26	27	28	29	30	31
		제이슨 씨 생일				

12월						
일	월	화	수	목	금	토
		1	2	3	4	5
6	7	8	9	10	11	12
13	14	⑮ 방학	16	17	18	19
20	21	22	23	24	25	26
27	28	29	30	31		

가 _____씨, _____(에) 시간 있어요?

나 네. 괜찮아요.

가 그럼, 같이 _____ㅡ르/ㅡ을 까요?

나 네. 좋아요.

● 반 친구에게 시간이 있는지 물어보고 무언가를 하자고 제안하세요.
クラスメートに時間があるかきいて、何かをしようと提案しましょう。

언제 いつ

내일 明日	모레 あさって	주말 週末
토요일 土曜日	3월 12일 3月12日	(내일)모레 저녁 あさっての夕方

동사 動詞

 커피를 마시다
コーヒーを飲む

 영화를 보다
映画を見る

 운동을 하다
運動をする

 밥을 먹다
ごはんを食べる

 게임을 하다
ゲームをする

 쇼핑을 하다
買い物をする

🔊 Track 043

① 보기 와 같이 친구의 생일이 언제인지, 그날 시간이 있는지 물어보고 무언가를 하자고
제안하세요. 例のように、友だちの誕生日はいつか、その日に時間があるかきいて、何かをしようと提案しましょう。

	생일	요일	제안
친구 1	3월 6일	목	저녁 먹다
친구 2			
친구 3			
친구 4			
친구 5			

밥을 먹다
ごはんを食べる

술을 마시다
酒を飲む

생일 파티를 하다
誕生パーティーをする

영화를 보다
映画を見る

공연을 보다
公演を見る

보기

가　생일이 언제예요?

나　3월 6일이에요.

가　무슨 요일이에요?

나　목요일이에요.

가　그날 같이 저녁을 먹을까요?

나　네. 좋아요.

2 다음은 *나오미* 씨의 7월 계획표예요. 계획표를 보고 상대방과 묻고 답하세요.
次は尚美さんの7月の計画表です。計画表を見ながら会話をしましょう。

7월

일요일	( )요일	( )요일	( )요일	( )요일	( )요일	( )요일
			1	2	3	4
5	6 오늘	7	8	9	10	11
12 도서관	13	14 한국어 시험	15	16	17 영화 약속	18
19	20 ←	21 여행	22 →	23	24 쇼핑 약속	25
26	27 친구 생일	28	29 인터뷰	30		

보기

가 오늘은 무슨 요일이에요?

나 월요일이에요.

가 한국어 시험이 언제예요?

나 _____.

가 인터뷰가 언제예요?

나 _____.

가 영화 약속 _____?

나 _____.

가 _____?

나 _____.

▶ 약속 約束 | 인터뷰 インタビュー

1 다음을 읽고 답을 쓰세요. 次の文章を読んで、答えを書きましょう。

6월

일요일	( )요일	( )요일	( )요일	( )요일	( )요일	( )요일
3	4	5	6 시험	7 제임스 생일	8 방학	9 쇼핑 약속
10 영화 약속	11	12	13	14	15 인터뷰	16

모레는 시험이에요. 6월 7일은 *제임스* 씨 생일이에요. 이번 주 금요일은 방학이에요. 이번 주말에는 약속이 있어요. 6월 15일에는 인터뷰가 있어요. 그리고 16일에는 약속이 없어요.

(1) 오늘은 _____월 _____일이에요.

(2) 제임스 씨 생일은 무슨 요일이에요? _____

(3) 방학은 언제예요? _____

2 여러분의 일주일 계획을 글로 써 보세요. みなさんの一週間の計画を文章に書いてみましょう。

_____월

일요일	( )요일	( )요일	( )요일	( )요일	( )요일	( )요일

▶ 그리고 そして

1 다음을 잘 듣고 맞는 것끼리 연결하세요. 音声をよく聞いて、合うものを線で結びましょう。 🔊 Track 044

(1) ·

㉮

(2) ·

㉯

(3) ·

㉰

(4) ·

㉱

2 다음 질문에 대해 맞는 대답을 고르세요. 次の質問に対して適当な答えを選びましょう。 🔊 Track 045

(1) ㉮ 네. 생일이에요. ㉯ 네. 시간이 있어요.
　　㉰ 내일이에요. ㉱ 금요일이에요.

(2) ㉮ 생일이에요. ㉯ 네. 좋아요.
　　㉰ 4월 25일이에요. ㉱ 토요일이에요.

3 다음을 잘 듣고 내용이 맞으면 ○, 틀리면 ✕표 하세요. 🔊 Track 046
音声をよく聞いて、内容が合っていれば○、間違っていれば✕をしましょう。

(1) 미영 씨는 내일 시간이 있어요. 　　(　　　)

(2) 미영 씨하고 마이클 씨는 모레 같이 밥을 먹어요. 　　(　　　)

05 취미가 뭐예요?

趣味は何ですか。

다음 그림에 알맞은 것을 ㉮~㉛에서 골라 빈칸에 써넣으세요.
次の絵に合うものを㉮~㉛から選んで空欄に書き入れましょう。

㉮ 등산을 하다   ㉯ 책을 읽다   ㉰ 우표를 모으다   ㉱ 사진을 찍다   ㉲ 음악을 듣다

㉳ 요리를 하다   ㉴ 그림을 그리다   ㉵ 피아노를 치다   ㉛ 테니스를 치다

(1) ㉱

(2)

(3)

(4)

(5)

(6)

(7)

(8)

(9)

대화 会話

Track 047

수정 　나오키 씨, 취미가 뭐예요?

나오키 　저는 운동을 좋아해요.

수정 　무슨 운동을 좋아해요?

나오키 　야구를 좋아해요.

　　　제 취미는 사진 찍기예요.

수정 　제 취미는 사진 찍기예요.

나오키 　자주 사진을 찍어요?

수정 　주말마다 사진을 찍어요.

スジョン　直樹さん、趣味は何ですか。

直樹　　　私はスポーツが好きです。

スジョン　どんなスポーツが好きですか。

直樹　　　野球が好きです。スジョンさんの趣味は何ですか。

スジョン　私の趣味は写真を撮ることです。

直樹　　　よく写真を撮りますか。

スジョン　週末にはいつも写真を撮ります。

새 단어 新出単語

취미 趣味	−을/를 좋아하다 −が好きだ
야구 野球	제 私の
자주 よく	−마다 −ごとに

Track 048

발음 発音

パッチム「ㅎ」の発音

パッチム「ㅎ(ㄶ, ㅀ)」で終わる語幹の後に母音で始まる語尾や接尾辞が続く場合、「ㅎ」を発音しない。

● 좋아해요 [조아해요]　　● 낳아요 [나아요]　　● 닿아서 [다아서]

濃音化

パッチムが/ㄱ、ㄷ、ㅂ/で発音され、その後に「ㄱ、ㄷ、ㅂ、ㅅ、ㅈ」で始まる文字が続く場合、後続の「ㄱ、ㄷ、ㅂ、ㅅ、ㅈ」を濃音/ㄲ、ㄸ、ㅃ、ㅆ、ㅉ/で発音する。

● 찍기예요 [찍끼예요]　　● 작고 [작꼬]　　● 닫고 [닫꼬]

문형 연습 文型練習

①

> 가 **취미가 뭐예요?**
> 나 **저는 −을/를 좋아해요.**

다음 보기 **와 같이 주어진 단어를 사용하여 대화를 완성하세요.**
次の例のように、与えられた単語を使って会話を完成させましょう。

> 보기
> 가 취미가 뭐예요?
> 나 저는 책을/를 좋아해요. (책)
> 저는 영화을/를 좋아해요. (영화)

(1) 가 취미가 뭐예요?
　　 나 저는 테니스＿＿＿＿＿＿＿＿＿＿. (테니스)

(2) 가 취미가 뭐예요?
　　 나 저는 ＿＿＿＿＿＿＿＿＿＿＿＿. (음악)

(3) 가 ＿＿＿＿＿＿＿＿＿＿＿＿？
　　 나 저는 ＿＿＿＿＿＿＿＿＿＿＿. (운동)

(4) 가 ＿＿＿＿＿＿＿＿＿＿＿＿？
　　 나 저는 ＿＿＿＿＿＿＿＿＿＿＿. (게임)

②

> **무슨 −을/를 좋아해요?**

다음 보기 **와 같이 주어진 단어를 사용하여 문장을 완성하세요.**
次の例のように、与えられた単語を使って文章を完成させましょう。

> 보기
> 무슨 운동을/를 좋아해요? (운동)

(1) 무슨 ＿＿＿＿ 을/를 좋아해요? (음식)

(2) 무슨 ＿＿＿＿ 을/를 좋아해요? (음악)

(3) ＿＿＿＿＿＿＿＿＿＿＿？ (영화)

(4) ＿＿＿＿＿＿＿＿＿＿＿？ (색)

(5) ＿＿＿＿＿＿＿＿＿＿＿？ (노래)

중요 문형

文型 17

취미가 뭐예요?(趣味は何ですか)という質問に対しては、(趣味に関する)名詞+을/를 좋아해요(〜が好きです)と答える。

例 가 : 취미가 뭐예요?
　 (趣味は何ですか。)
　 나 : 영화를 좋아해요.
　　　 (映画が好きです。)

文型 18

무슨は日本語の「何の〜」「何〜」のように不明な物事について尋ねるときに使う。

例 이게 무슨 냄새예요?
　 (これは何のにおいですか。)

어떤は日本語の「どんな」のように人や事物の特性、内容、状態、性格などについて尋ねるときに使う。

例 그 사람은 어떤 사람이에요?
　 (あの人はどんな人ですか。)

▶ 음식 食べ物 ｜ 색 色

3 제 취미는 -기예요.

다음 보기 와 같이 주어진 단어를 사용하여 문장을 완성하세요.
次の例のように、与えられた単語を使って文章を完成させましょう。

보기   제 취미는 **요리하기예요**. (요리를 하다)

(1) 제 취미는 _____. (음악을 듣다)

(2) 제 취미는 _____. (영화를 보다)

(3) _____. (여행을 하다)

(4) _____. (우표를 모으다)

(5) _____. (피아노를 치다)

4

-마다 -을/를   -어
          -아 요.
          -여

다음 보기 와 같이 주어진 단어를 사용하여 문장을 완성하세요.
次の例のように、与えられた単語を使って文章を完成させましょう。

보기   **주말**마다 **등산을 해요**. (주말, 등산을 하다)

(1) _____. (날, 책을 읽다)

(2) _____. (방학, 여행을 하다)

(3) _____. (일요일, 요리를 하다)

(4) _____. (수요일, 태권도를 배우다)

(5) _____. (주말, 친구를 만나다)

▶ 날 日 │ *태권도* テコンドー │ 배우다 習う │ 친구 友だち │ 만나다 会う

Track 049

가 _____ 씨는 취미가 뭐예요?

나 저는 _____ ⁻을 ⁻를 좋아해요.

_____ 씨는 취미가 뭐예요?

가 제 취미는 _____ 기예요.

● **반 친구에게 취미를 물어보세요.** クラスメートに趣味をきいてみましょう.

취미 趣味

음악을 듣다
音楽を聞く

요리를 하다
料理をする

영화를 보다
映画を見る

여행을 하다
旅行をする

게임을 하다
ゲームをする

사진을 찍다
写真を撮る

가 _____ 씨는 무슨 _____을 좋아해요?
　　　　　　　　　　　　　　　　　-를

나 저는 [　　　　]-을 좋아해요.
　　　　　　　　 -를

_____ 씨는 무슨 _____을 좋아해요?
　　　　　　　　　　　　　　　　　-를

가 저는 [　　　　]-을 좋아해요.
　　　　　　　　 -를

● 반 친구에게 다음 단어들을 사용해서 질문하세요. 次の単語を使ってクラスメートに質問しましょう。

운동 スポーツ	과일 果物	색 色

 야구 野球 　 사과 りんご 　 빨간색 赤

 축구 サッカー 　 바나나 バナナ 　 노란색 黄色

 농구 バスケットボール 　 수박 すいか 　파란색 青

 테니스 テニス 　 오렌지 オレンジ 　흰색 白

 수영 水泳 　 딸기 いちご 　 검정색 黒

❶ 보기 와 같이 친구의 취미와 그 취미 활동을 자주 하는지 물어보세요. 그리고 Track 051
같은 취미가 있는 친구에게 그 취미 활동을 하자고 제안하세요.
例のように，友だちの趣味と，その趣味活動をよくするか，きいてみましょう。そして，同じ趣味を持った友だちに，その趣味 活動をしよう
と提案しましょう。

	취미	자주?	제안
친구 1	등산	주말마다	이번 주말, 등산을 하다
친구 2			
친구 3			
친구 4			
친구 5			

보기

가 **취미가 뭐예요?**

나 제 취미는 등산하기예요.

가 저도 등산을 좋아해요. 자주 등산을 해요?

나 주말마다 등산을 해요.

가 그럼, **이번 주말에 같이 등산할까요?**

나 네. 좋아요.

2 친구들에게 보기 와 같이 자신의 취미를 소개하세요.
例のように、友だちに自分の趣味を紹介しましょう。

Track 052

(1)

(2)

보기

안녕하세요, 저는 *나오미*예요.
저는 음악을 좋아해요.
제 취미는 음악 듣기와 *피아노* 치기예요.
저는 *한국* 노래하고 *일본* 노래를 좋아해요.
날마다 음악을 들어요.
학교에는 *피아노*가 있어요.
금요일마다 *피아노*를 쳐요.

1 다음에 나오는 *제임스 씨의* 글을 읽고 답을 쓰세요. 次のジェームスさんの文章を読んで、答えを書きましょう。

제 취미는 운동하기예요.
저는 수영하고 등산을 좋아해요.
날마다 아침에 수영을 해요.
그리고 주말마다 등산을 해요.
요즘은 수요일마다 태권도를 배워요.
아주 재미있어요.

(1) 제임스 씨는 취미가 뭐예요? ジェームスさんの趣味は何ですか。

_____

(2) 제임스 씨는 언제 등산을 해요? ジェームスさんはいつ山登りをしますか。

_____

(3) 요즘 *제임스 씨는* 무엇을 배워요? 近頃、ジェームスさんは何を習っていますか。

_____

2 여러분의 취미를 써 보세요. みなさんの趣味を書いてみましょう。

저는   을/를 좋아해요.

_____

_____

_____

▶ 요즘 近頃 | 아주 とても | 재미있다 おもしろい

과제 3 課題 3 듣기 聞く

1 다음을 잘 듣고 맞는 것끼리 연결하세요. 音声をよく聞いて、合うものを線で結びましょう。 🔊 Track 053

(1)

지훈 •

(2)

미순 •

(3)

재영 •

• ㉮

• ㉯

• ㉰

2 다음을 잘 듣고 질문에 대답하세요. 音声をよく聞いて、質問に答えましょう。 🔊 Track 054

(1) 와타나베 씨는 취미가 뭐예요? 渡辺さんの趣味は何ですか?

　㉮ 운동하기　　　㉯ 음악 듣기　　　㉰ 여행하기　　　㉱ 책 읽기

(2) 얼마나 자주 여행을 해요? どれくらいよく旅行をしますか?

　㉮ 날마다 여행을 해요.　　　　　㉯ 방학마다 여행을 해요.

　㉰ 일요일마다 여행을 해요.　　　㉱ 주말마다 여행을 해요.

3 다음을 잘 듣고 내용이 맞으면 ○, 틀리면 ✗표 하세요. 🔊 Track 055
音声をよく聞いて、内容と合っていれば○、間違っていれば✗をしましょう。

(1) 미영 씨는 등산을 좋아해요.　　　　　　　　　　(　　　)

(2) 미영 씨하고 마이클 씨는 주말에 같이 등산을 해요.　(　　　)

06 순두부하고 된장찌개 주세요.

スンドゥブとテンジャンチゲ下さい。

준비 準備

다음 그림에 알맞은 것을 ㉮~㉯에서 골라 빈칸에 써넣으세요.

次の絵に合うものを㉮～㉯から選んで空欄に書き入れましょう。

㉮ 비빔밥	㉯ 냉면	㉰ 삼계탕	㉱ 순두부	㉲ 육개장
㉳ 된장찌개	㉴ 김치찌개	㉵ 김밥	㉶ 불고기	

(1) ㉮

(2)

(3)

(4)

(5)

(6)

(7)

(8)

(9)

80

종업원	뭘 드릴까요?
수정	나오키 씨, 뭘 먹고 싶어요?
나오키	저는 순두부를 먹고 싶어요.
수정	그럼, 순두부하고 된장찌개 주세요.
	(식사 중)
나오키	순두부가 정말 맛있어요.
수정	그래요? 매운 음식을 좋아해요?
나오키	네. 아주 좋아해요.

従業員	何になさいますか。
スジョン	直樹さん、何を食べたいですか。
直樹	私はスンドゥブを食べたいです。
スジョン	じゃあ、スンドゥブとテンジャンチゲ下さい。
	(食事中)
直樹	スンドゥブが本当においしいです。
スジョン	そうですか。辛い食べ物が好きですか。
直樹	はい。とても好きです。

새 단어 新出単語

종업원 従業員	
-을/를 드리다 −を差し上げる	
뭘 何を	정말 本当に
맛있다 おいしい	맵다 辛い
음식 食べ物	

발음 発音

連音
パッチムのある文字の後に母音で始まる文字が続く場合、パッチムの子音は次の母音と一緒に発音される。

- 싶어요 [시퍼요]
- 맛있어요 [마시써요]
- 음식을 [음시글]

パッチム「ㅎ」の発音
パッチム「ㅎ(ㄶ、ㅀ)」で終わる語幹の後に母音で始まる語尾や接尾辞が続く場合、「ㅎ」を発音しない。

- 좋아해요 [조아해요]
- 놓아요 [노아요]
- 쌓여서 [싸여서]

濃音化
パッチムが/ㄱ、ㄷ、ㅂ/で発音され、その後に「ㄱ、ㄷ、ㅂ、ㅅ、ㅈ」で始まる文字が続く場合、後続の「ㄱ、ㄷ、ㅂ、ㅅ、ㅈ」を濃音/ㄲ、ㄸ、ㅃ、ㅆ、ㅉ/で発音する。

- 먹고 [먹꼬]
- 적게 [적께]
- 책가게 [책까게]

중요 문형

1

> 가 **뭘 드릴까요?**
> 나 **– (좀) 주세요. / –하고 – 주세요.**

다음 보기 와 같이 주어진 단어를 사용하여 대화를 완성하세요.
次の例のように、与えられた単語を使って会話を完成させましょう。

보기
> 가 뭘 드릴까요?
> 나 **커피** (좀) 주세요.
> (커피)

> 가 뭘 드릴까요?
> 나 **순두부하고 된장찌개** 주세요.
> (순두부, 된장찌개)

(1) 가 뭘 드릴까요? 나 ＿＿＿＿＿＿＿＿＿＿＿ 주세요. (김치)

(2) 가 뭘 드릴까요? 나 ＿＿＿＿＿＿＿＿＿＿＿ 주세요. (비빔밥, 냉면)

(3) 가 ＿＿＿＿＿＿? 나 ＿＿＿＿＿＿＿＿＿＿＿ 주세요. (물)

(4) 가 ＿＿＿＿＿＿? 나 ＿＿＿＿＿＿＿＿＿＿＿. (순두부, 비빔냉면)

(5) 가 ＿＿＿＿＿＿? 나 ＿＿＿＿＿＿＿＿＿＿＿. (김치찌개, 순두부 2(둘))

▶ 물 水 │ 비빔냉면 ビビン冷麺(ネンミョン)

文型21

名詞 ＋ (좀) 주세요(〜下さい)
は、–을/를 주다(〜をくれる)に
尊敬の命令形語尾–세요を付け
たもので、何かを注文したりお
願いしたりするときに使う。좀
を入れると、へりくだった表現
になる。

2

> 가 **뭘 먹고 싶어요?**
> 나 **–을/를 먹고 싶어요.**

다음 보기 와 같이 주어진 단어를 사용하여 문장을 완성하세요.
次の例のように、与えられた単語を使って文章を完成させましょう。

보기
> 가 뭘 먹고 싶어요?
> 나 *비빔밥*(을)를 먹고 싶어요. (비빔밥)

(1) 가 뭘 먹고 싶어요? 나 ＿＿＿＿＿＿ 을/를 먹고 싶어요. (불고기)

(2) 가 뭘 먹고 싶어요? 나 ＿＿＿＿＿＿ 을/를 먹고 싶어요. (물냉면)

(3) 가 ＿＿＿＿＿＿? 나 ＿＿＿＿＿＿＿＿＿＿＿. (순두부)

(4) 가 ＿＿＿＿＿＿? 나 ＿＿＿＿＿＿＿＿＿＿＿. (된장찌개)

(5) 가 ＿＿＿＿＿＿? 나 ＿＿＿＿＿＿＿＿＿＿＿. (삼계탕)

▶ 물냉면 ムル冷麺(ネンミョン)

文型22

–고 싶다(〜たい)は動詞の語幹
に付けて、自分の願い・希望
・願望を表す。

例 비빔밥을 먹고 싶어요.
（ビビンバが食べたいです。）

❸

가 (뭘, 누구를, 언제 …) –고 싶어요?

나 –고 싶어요.

–고 싶어요?(~たいですか)は
무엇/뭐(何)、누구(誰)、언제(い
つ)、어디(どこ)などの疑問詞と
一緒に使われることが多い。

다음 보기 와 같이 주어진 단어를 사용하여 대화를 완성하세요.

次の例のように、与えられた単語を使って会話を完成させましょう。

보기

가 뭘 하고 싶어요? (뭘 하다)

나 영화를 보고 싶어요. (영화를 보다)

(1) 가 ＿＿＿＿＿＿＿＿＿＿＿＿＿고 싶어요? (누구를 만나다)

　　나 ＿＿＿＿＿＿＿＿＿＿＿＿＿고 싶어요. (가수 '비'를 만나다)

*비 ピ、RAIN (韓国の歌手)

(2) 가 ＿＿＿＿＿＿＿＿＿＿＿고 싶어요? (뭘 마시다)

　　나 ＿＿＿＿＿＿＿＿＿＿＿고 싶어요. (물을 마시다)

(3) 가 ＿＿＿＿＿＿＿＿＿＿＿? (뭘 하다)

　　나 ＿＿＿＿＿＿＿＿＿＿＿. (게임을 하다)

(4) 가 ＿＿＿＿＿＿＿＿＿＿＿? (언제 가다)

　　나 ＿＿＿＿＿＿＿＿＿＿＿. (주말에 가다)

❹

－ㄴ
은　명사

ㅂ 不規則用言:
–은/ㄴは形容詞の連体形語
尾。形容詞の語幹末にパッチ
ムがあれば–은、パッチムがな
ければ–ㄴを付ける。ただし、
ㅂ不規則用言の場合、語幹末
のㅂを우に変えて連体形語尾
–ㄴを付ける。
例 맵다 → 매운
　　춥다 → 추운

다음 보기 와 같이 주어진 단어를 사용하여 알맞은 형태로 쓰세요.

次の例のように、与えられた単語を適当な形にして書きましょう。

보기　매운 음식　(맵다)

(1) ＿＿＿＿＿＿＿ 날씨　(춥다)

(2) ＿＿＿＿＿＿＿ 차　(뜨겁다)

(3) ＿＿＿＿＿＿＿ 경치　(아름답다)

(4) ＿＿＿＿＿＿＿ 날씨　(덥다)

▶ 맵다 辛い ｜ 춥다 寒い ｜ 날씨 天気, 気候 ｜ 뜨겁다 熱い ｜ 차 お茶 ｜
아름답다 美しい ｜ 경치 景色 ｜ 덥다 暑い

종업원 뭘 드릴까요?

가 _____ 씨, 뭘 먹고 싶어요?

나 저는 _____ 음식을 좋아해요.

_을/를 먹고 싶어요.

가 그럼, _____ 하고 _____ 주세요.

● 위 대화문 빈칸에 다음의 단어를 사용하여 두 사람씩 짝을 지어 식당에서 주문해 보세요.
二人ずつペアを組んで、上の会話文の空欄に次の単語を入れ、食堂で注文してみましょう。

맛 味など	맵다(매운 + 名詞) 辛い	짜다(짠 + 名詞) 塩辛い
	시다(신 + 名詞) すっぱい	싱겁다(싱거운 + 名詞) 味気ない
	달다(단 + 名詞) 甘い	뜨겁다(뜨거운 + 名詞) 熱い
	차갑다(차가운 + 名詞) 冷たい	시원하다(시원한 + 名詞) すっきりする

음식 이름 食べ物の名前

비빔밥
ビビンバ

불고기
プルゴギ

냉면
冷麺

된장찌개
テンジャンチゲ

순두부
スンドゥブ

김치찌개
キムチチゲ

삼계탕
サムゲタン

육개장
ユッケジャン

김밥
キムパプ(のりまき)

회화 연습 2 会話練習2

 Track 059

가 _____ 씨는 무슨 음식을 좋아해요?

나 저는 을/를 좋아해요.

가 무슨 을/를 먹고 싶어요?

나 을/를 먹고 싶어요.

가 그럼 에 갈까요?

● 위 대화문 빈칸에 다음의 단어를 사용하여 두 사람씩 짝을 지어 이야기해 보세요.
二人ずつペアを組んで、上の会話文の空欄に次の単語を入れて話してみましょう。

한국 음식 (한식) 韓国料理	중국 음식 (중식) 中華料理	일본 음식 (일식) 日本食・和食	이태리 음식 (이태리식) イタリア料理
불고기 ブルゴギ	자장면 ジャージャー麺	생선회 刺身	피자 ピザ
냉면 冷麺	짬뽕 チャンポン	초밥 寿司	파스타 パスタ
된장찌개 テンジャンチゲ	탕수육 酢豚	우동 うどん	라자냐 ラザニア
삼계탕 サムゲタン	깐풍기 揚げ鶏肉	회덮밥 刺身丼(鉄火丼など)	리조또 リゾット

식당 食堂

한식당 韓国食堂

이태리 식당 イタリアンレストラン

중식당 中華料理店

일식당 和食店

🔊 Track 060

① 다음 식당 중 하나를 골라 친구와 함께 보기 와 같이 식사와 음료수를 주문해 보세요.
次の食堂のうち一つを選んで、例のように、友だちと一緒に食事と飲み物を注文してみましょう。

한식당(韓国食堂)

비빔밥 ビビンバ　　물냉면 ムル冷麺(ネンミョン)
비빔냉면 ビビン冷麺(ネンミョン)
불고기 プルゴギ　　　삼계탕 サムゲタン

콜라 コーラ　　　　사이다 サイダー
맥주 ビール

중식당(中華料理店)

자장면 ジャージャー麺　짬뽕 チャンポン
탕수육 酢豚　　　　　　깐풍기 揚げ鶏肉

콜라 コーラ　　　　사이다 サイダー
맥주 ビール

일식당(和食店)

생선회 刺身　　　　　초밥 寿司
회덮밥 刺身丼(鉄火丼など)
우동 うどん

콜라 コーラ　　　　사이다 サイダー
맥주 ビール

양식당(洋食店)

스테이크 ステーキ　　피자 ピザ
스파게티 スパゲッティ 리조또 リゾット

콜라 コーラ　　　　사이다 サイダー
와인 ワイン

보기

종업원　뭘 드릴까요?

가　_____ 씨는 뭘 좋아해요?

나　저는 **자장면**을 먹고 싶어요.
　　_____ 씨는요?

가　저는 **짬뽕**을 먹고 싶어요.

나　그럼 **자장면** 하나, **짬뽕** 하나 주세요.

종업원　음료수는요?

가　저는 **콜라**요.

나　저도요.

2 친구에게 주말이나 방학에 무엇을 하고 싶은지 다음의 주제에 대해 [보기] 와 같이 질문하세요.

週末や長期休暇に何をしたいか、例のように、次の話題について友だちに質問しましょう。

● Track 061

여 행 旅行	하와이 ハワイ	파리 パリ	제주도 済州島	베이징 北京
영 화 映画	쿵푸팬더 カンフーパンダ	링 リング	해리포터 ハリーポッター	러브 액츄얼리 ラブアクチュアリー
등 산 山登り	북한산 北漢山	지리산 智異山	설악산 雪嶽山	도봉산 道峯山
쇼 핑 買い物	옷 服	구두 靴	가방 かばん	모자 帽子

[보기]

가 _____ 씨는 주말에 무엇을 하고 싶어요?

나 저는 **영화**를 보고 싶어요.

가 무슨 **영화**를 보고 싶어요?

나 '**쿵푸 팬더**'를 보고 싶어요. _____ 씨는요?

가 저는 **쇼핑**을 하고 싶어요.

나 무엇을 사고 싶어요?

가 **옷**을 사고 싶어요.

과제 2 課題 2　읽기와 쓰기 読み書き

① 다음 제임스 씨의 글을 읽고 질문에 답하세요. 次のジェームスさんの文章を読んで、質問に答えましょう。

> 저는 불고기를 좋아해요. 불고기는 아주 맛있어요. 친구는 순두부를 좋아해요. 친구는 매운 음식을 좋아해요. 우리는 학교 앞 한식당에 자주 가요. 거기에서 불고기하고 순두부를 먹어요. 식사 후에 식당 옆 카페에 가요. 시원한 아이스커피를 마셔요.

(1) 제임스 씨는 무슨 음식을 좋아해요? ジェームスさんは、どんな食べ物が好きですか。

　㉑ 비빔밥　　　　　㉯ 불고기　　　　　㉰ 순두부　　　　　㉵ 냉면

(2) 제임스 씨하고 친구는 어디에서 자주 밥을 먹어요? ジェームスさんと友だちは、どこでよくごはんを食べますか。

_____

(3) 제임스 씨는 식사 후에 무엇을 해요? ジェームスさんは、食後に何をしますか。

_____

② 여러분이 좋아하는 음식과 자주 가는 식당을 써 보세요.
みなさんの好きな食べ物とよく行く食堂について書いてみましょう。

　　　저는　　　　　　　을/를 좋아해요.

_____

_____

_____

▶ 거기에서 そこで ｜ 식사 후 食後 ｜ 카페 カフェ ｜ 아이스커피 アイスコーヒー

88

① 다음을 잘 듣고 맞는 것끼리 연결하세요. 音声をよく聞いて、合うものを線で結びましょう。 🔊 Track 062

(1) ● ● ㉮

(2) ● ● ㉯

(3) ● ● ㉰

② 다음을 잘 듣고 질문에 답하세요. 音声をよく聞いて、質問に答えましょう。 🔊 Track 063

(1) 여기는 어디예요? ここはどこですか。

(2) 두 사람은 무엇을 주문했어요? 二人は何を注文しましたか。

③ 다음을 잘 듣고 내용과 맞으면 〇, 다르면 ✕표 하세요. 🔊 Track 064
音声をよく聞いて、内容と合っていれば〇、間違っていれば✕をしましょう。

(1) 저는 비빔밥하고 냉면을 좋아해요.　　　(　　　)

(2) 오늘도 비빔밥을 먹고 싶어요.　　　(　　　)

07 집에서 쉬었어요.
家で休みました。

다음 그림에 알맞은 것을 ㉮~㉧에서 골라 빈칸에 써넣으세요.
次の絵に合うものを㉮~㉧から選んで空欄に書き入れましょう。

㉮ 구두 　　　　㉯ 티셔츠 　　　　㉰ 운동화 　　　　㉱ 바지 　　　　㉲ 치마

㉳ 전자사전 　　㉴ 목걸이 　　　　㉵ MP3 　　　　㉶ 화장품

(1) 라

(2)

(3)

(4)

(5)

(6)

(7)

(8)

(9)

90

대화 会話

Track 065

히로　영희 씨, 주말에 뭘 했어요?

영희　집에서 쉬었어요. 히로 씨는 뭘 했어요?

히로　일본에서 누나가 왔어요.

　　　누나하고 같이 쇼핑을 했어요.

영희　어디에 갔어요?

히로　동대문 시장에 갔어요. 옷과 신발을 샀어요.

　　　아주 쌌어요.

廣　　ヨンヒさん、週末に何をしましたか。

ヨンヒ　家で休みました。廣さんは何をしましたか。

廣　　日本から姉が来ました。姉と一緒に買い物をしました。

ヨンヒ　どこに行きましたか。

廣　　東大門市場に行きました。服と靴を買いました。

　　　とても安かったです。

새 단어 新出単語

쉬다 休む	-에서 -から
오다 来る	싸다 安い
동대문 시장 東大門市場	

Track 066

발음 発音

口蓋音化
パッチム「ㄷ、ㅌ」で終わる名詞や語幹の後に「이」で始まる助詞や接尾辞が続く場合、「ㄷ、ㅌ」が/ㅈ、ㅊ/に変化し、後ろの母音と結合して/지、치/と発音する。

- 같이 [가치]
- 밭이 [바치]
- 밑이 [미치]

濃音化
パッチムが/ㄱ、ㄷ、ㅂ/で発音され、その後に「ㄱ、ㄷ、ㅂ、ㅅ、ㅈ」で始まる文字が続く場合、後続の「ㄱ、ㄷ、ㅂ、ㅅ、ㅈ」を濃音/ㄲ、ㄸ、ㅃ、ㅆ、ㅉ/で発音する。

- 옷과 [온꽈]
- 젓가락 [젇까락]
- 숟가락 [숟까락]

문형 연습 文型練習

① ─와/과

다음 보기 와 같이 '와/과'를 써서 주어진 단어를 연결하세요.
次の例のように、「와/과」を使って与えられた単語をつなぎましょう。

보기 **바지와 티셔츠** (바지, 티셔츠)　　　　　**옷과 신발** (옷, 신발)

(1) ＿＿＿＿＿＿＿＿＿＿＿＿ (목걸이, 귀걸이)

(2) ＿＿＿＿＿＿＿＿＿＿＿＿ (전자사전, MP3)

(3) ＿＿＿＿＿＿＿＿＿＿＿＿ (지갑, 넥타이)

(4) ＿＿＿＿＿＿＿＿＿＿＿＿ (모자, 가방)

(5) ＿＿＿＿＿＿＿＿＿＿＿＿ (화장품, 반지)

▶ 귀걸이 イヤリング ｜ 반지 指輪 ｜ 지갑 財布 ｜ 넥타이 ネクタイ

② 가 어디에 갔어요?
나 ─에 갔어요.

다음 보기 와 같이 주어진 단어를 사용하여 대화를 완성하세요.
次の例のように、与えられた単語を使って会話を完成させましょう。

보기 가 어디에 갔어요?
　　 나 **놀이 공원에 갔어요.** (놀이 공원)

(1) 가 어디에 갔어요?
　　나 ＿＿＿＿＿＿＿＿＿＿＿＿. (부산)

(2) 가 어디에 갔어요?
　　나 ＿＿＿＿＿＿＿＿＿＿＿＿. (공항)

(3) 가 ＿＿＿＿＿＿＿＿＿＿＿＿?
　　나 ＿＿＿＿＿＿＿＿＿＿＿＿. (제주도)

(4) 가 ＿＿＿＿＿＿＿＿＿＿＿＿?
　　나 ＿＿＿＿＿＿＿＿＿＿＿＿. (동물원)

▶ 공항 空港 ｜ 동물원 動物園

중요 문형

文型25

─와/과は日本語の「-と」に相当
し、直前の名詞の語末にパッ
チムがあれば-과、パッチムが
なければ-와を付ける。

例 책과 잡지
　 잡지와 책

☞ **文型6** ─하고 ─

例 책하고 잡지
　 잡지하고 책

文型26

1) ─에(-に)は場所を表す名詞
に付けて位置を表す。─에
가다/오다(〜に行く/来る)と
覚えるのがよい。

例 놀이 공원에 갔어요.
(遊園地に行きました。)

2) 갔어요は가다(行く)のインフ
ォーマルな過去形である。

☞ **文型27**、**文型28** 過去形

❸

$$-에서 \quad \begin{matrix} -었 \\ -았 \\ -였 \end{matrix} \ 어요.$$

다음 보기 와 같이 알맞은 문장을 쓰세요.
次の例のように、適当な文章を書きましょう。

보기 <u>일본</u>에서 <u>누나가 왔어요</u>. (일본, 누나가 오다)

(1) _____에서 _____. (중국, 친구가 오다)

(2) _____에서 _____. (학교, 돌아오다)

(3) _____. (서울역, 출발하다)

(4) _____. (태국 여행, 돌아오다)

▶ 돌아오다 帰って来る | 서울역 ソウル駅 | 출발하다 出発する | 태국 タイ

중요 문형 重要文型

文型27

−에서(−から)は、場所を表す名詞に付けて移動の出発点を表す。

過去形の語尾−었어요も、**文型20**で見た−어요と同じように、用言の語幹末の母音によって使い分ける。오다の場合、語幹末の母音が ㅗ なので−았−と結合して왔어요になる。

❹

가 **주말에 뭘 했어요?**
나 $\begin{matrix} -었 \\ -았 \\ -였 \end{matrix}$ 어요.

다음 보기 와 같이 주어진 단어를 사용하여 대화를 완성하세요.
次の例のように、与えられた単語を使って会話を完成させましょう。

보기
가 **주말에 뭘 했어요?**
나 **컴퓨터를 샀어요, 좀 비쌌어요.** (컴퓨터를 사다, 좀 비싸다)

(1) 가 주말에 뭘 했어요?
    나 _____. (영화를 보다, 재미있다)

(2) 가 주말에 뭘 했어요?
    나 _____. (삼계탕을 먹다, 맛있다)

(3) 가 _____?
    나 _____. (이사를 하다, 힘들다)

▶ 컴퓨터 コンピュータ | 이사를 하다 引っ越しをする | 힘들다 大変だ、疲れる

文型28

用言の過去形:

語幹末の母音によって−았−、−었−を使い分ける。語幹末の母音が ㅏ、ㅗ、ㅑ の場合は−았−、語幹末の母音がそれ以外の場合は−었−を付ける。また、하다用言の場合は−였−を付けるが、하였−は縮約形했−になる。

例 1) 語幹の母音が ㅏ、ㅗ、ㅑ の場合:
　　가 + 았 → 갔−
　　오 + 았 → 왔−
　　2) 語幹の母音が上記以外の場合:
　　먹 + 었 → 먹었−
　　배우 + 었 → 배웠−
　　만들 + 었 → 만들었−
　　가르치 + 었 → 가르쳤−
　　지내 + 었 → 지냈−

가 _____ 씨, 주말에 뭘 했어요?

나 저는 _____ .

_____ 씨는 뭘 했어요?

가 저는 _____ .

위 대화문 빈칸에 다음의 단어를 사용하여 두 사람씩 짝을 지어 대화해 보세요.
二人ずつペアを組んで、上の会話文の空欄に次の単語を入れて会話してみましょう。

동사 動詞

동대문시장에 가다	영화를 보다	친구를 만나다	공부를 하다	한식당에서 삼계탕을 먹다	이사를 하다
東大門市場に行く	映画を見る	友だちに会う	勉強をする	韓国食堂で サムゲタンを食べる	引っ越しをする

형용사 形容詞

(사람이) 많다	재미있다	좋다	어렵다	맛있다	힘들다
(人が)多い	おもしろい	よい	難しい	おいしい	大変だ、疲れる

Track 068

가 _____ 씨, 주말에 뭘 했어요?

나 주말에 _____ 에 갔어요.

가 _____ 에서 뭘 샀어요?

나 _____ -와 _____ -을 샀어요.
_____ -과 _____ -를

● 위 대화문 빈칸에 다음의 단어를 사용하여 두 사람씩 짝을 지어 이야기해 보세요.
二人ずつペアを組んで、上の会話文の空欄に次の単語を入れて話してみましょう。

장소 場所

백화점
デパート

동대문시장
東大門市場

용산전자상가
龍山電化商店街

마트
マート

물건 品物

옷
服

신발
靴・履き物

화장품
化粧品

목걸이
ネックレス

귀걸이
イヤリング

반지
指輪

전자사전
電子辞書

컴퓨터
コンピュータ

MP3
MP3プレーヤー

라면
ラーメン

음료수
飲み物

야채
野菜

과일
果物

휴지
ティッシュペーパー

● 보기 와 같이 친구들에게 주말에 한 일을 질문해 보세요.　　 Track 069
例のように、週末にしたことを友だちに質問してみましょう。

코엑스에서 영화를 보다

コエックスで映画を見る

롯데월드에 가다

ロッテワールドに行く

인사동을 구경하다

仁寺洞を見物する

동대문에서 쇼핑을 하다

東大門で買い物をする

한강 유람선을 타다

漢江遊覧船に乗る

보기

가 _____ 씨, 주말에 뭘 했어요?

나 **코엑스에서 영화를 봤어요.**

가 **무슨 영화를 봤어요?**

나 **'놈놈놈'을 봤어요.**

가 **재미있었어요?**

나 **아주 재미있었어요.**

　　*놈놈놈『グッド・バッド・ウィアード』(韓国映画)

▶ 코엑스 コエックス ｜ 롯데월드 ロッテワールド ｜ 인사동 仁寺洞 ｜ 한강 유람선을 타다 漢江遊覧船に乗る

1 다음 *히로* 씨의 이야기를 잘 읽고 질문에 맞는 답을 쓰세요.
次の廣さんの話をよく読んで質問に適当な答えを書きましょう。

어제 친구하고 용산전자상가에 갔어요. 저는 노트북을 사고 싶었어요. 그리고 친구는 *MP3*를 사고 싶어 했어요. 용산전자상가는 아주 컸어요. 전자 제품도 아주 많았어요. 우리는 오랫동안 구경했어요. 노트북은 좀 비쌌어요. 그래서 친구만 *MP3*를 샀어요.

(1) 히로 씨와 히로 씨 친구는 어디에 갔어요? 廣さんと廣さんの友だちはどこに行きましたか。

_____

(2) 히로 씨와 히로 씨 친구는 무엇을 사고 싶어요? 廣さんと廣さんの友だちは何を買いたいですか。

① 히로 •   • ㉮ *MP3*

② 친구 •   • ㉯ 노트북

(3) 다음 중 위 글의 내용과 <u>다른</u> 것을 고르세요. 次のうち、上の文章の内容と<u>違う</u>ものを選びましょう。

㉮ 노트북은 좀 비쌌어요.

㉯ 히로 씨만 노트북을 샀어요.

㉯ 용산전자상가는 아주 컸어요.

㉱ 히로 씨와 히로 씨 친구는 오랫동안 구경했어요.

▶ 노트북 ノートパソコン │ 그리고 そして │ 크다 大きい │ 전자 제품 電化製品 │ 많다 多い │ 오랫동안 長い間 │
-을/를 구경하다 ～を見物する │ 그래서 それで │ -만 ～だけ

2 다음 수정의 이야기를 잘 읽고 질문에 맞는 답을 쓰세요.
次のスジョンさんの話をよく読んで質問に適当な答えを書きましょう。

주말에 친구가 일본에서 왔어요. 우리는 경복궁과
남산을 구경했어요. 명동하고 동대문시장에도 갔어요.
친구는 동대문시장에서 한복과 한국 전통 인형을 샀어
요. 한복이 아주 예뻤어요. 그리고 불고기와 비빔밥도
먹었어요. 친구는 불고기를 아주 좋아했어요.

(1) 다음 중 위 글의 내용과 같은 것을 고르세요. 次のうち、上の文章の内容と同じものを選びましょう。

　㉮ 주말에 중국에서 수정 씨 친구가 왔어요.

　㉯ 수정 씨 친구는 명동에서 한복을 샀어요.

　㉰ 수정 씨와 수정 씨 친구는 불고기와 비빔밥을 먹었어요.

　㉱ 수정 씨 친구는 비빔밥을 아주 좋아했어요.

(2) 수정 씨와 수정 씨 친구는 어디를 구경했어요? スジョンさんとスジョンさんの友だちはどこを見物しましたか。

　——————————————————————

(3) 수정 씨 친구는 동대문시장에서 무엇을 샀어요? スジョンさんの友だちは東大門市場で何を買いましたか。

　——————————————————————

3 여러분은 주말에 무엇을 했어요? 써 보세요. みなさんは週末に何をしましたか。書いてみましょう。

▶ 경복궁 景福宮 ｜ 한복 韓服(韓国の民族衣装) ｜ 전통 인형 伝統人形 ｜ 예쁘다 かわいい、きれいだ

1 다음을 잘 듣고 맞는 그림을 고르세요. 音声をよく聞いて、適当な絵を選びましょう。 🔊 Track 070

(1)   수정   •

• ㉮

(2)   히로   •

• ㉯

(3)   지영   •

• ㉰

2 다음을 잘 듣고 맞는 것을 고르세요. 音声をよく聞いて、合うものを選びましょう。 🔊 Track 071

(1) 왕핑 씨는 주말에 뭘 했어요? 王平さんは週末に何をしましたか。

　　㉮ 언니하고 중국에 갔어요.　　　　㉯ 언니하고 시내 구경을 했어요.

　　㉰ 언니하고 식사를 했어요.　　　　㉱ 언니하고 산책을 했어요.

(2) 왕핑 씨하고 언니는 뭘 샀어요? 王平さんとお姉さんは何を買いましたか。

3 다음을 잘 듣고 맞는 답을 쓰세요. 音声をよく聞いて、適当な答えを書きましょう。 🔊 Track 072

(1) 어제 어디에 갔어요? 昨日どこに行きましたか。

＿＿＿＿＿＿＿＿＿＿＿＿＿＿＿＿＿＿＿＿＿＿＿＿＿＿

(2) 뭘 샀어요? 何を買いましたか。

＿＿＿＿＿＿＿＿＿＿＿＿＿＿＿＿＿＿＿＿＿＿＿＿＿＿

08 백화점 정문 앞에서 세 시에 만나요.
デパート正面入口の前で3時に会いましょう。

다음은 어디일까요? 다음 그림에 알맞은 것을 ㉮~㉯에서 골라 빈칸에 써넣으세요.
次はどこでしょうか。次の絵に合うものを㉮~㉯から選んで空欄に書き入れましょう。

㉮ 인사동　　　㉯ 경복궁　　　㉰ 이태원　　　㉱ 대학로　　　㉲ N서울타워

㉳ 동대문시장　　㉴ 63빌딩　　㉵ 롯데월드　　㉶ 코엑스

(1)　　　　　　　　(2)　　　　　　　　(3)

(4)　　　　　　　　(5)　　　　　　　　(6)

(7)　　　　　　　　(8)　　　　　　　　(9)

100

대화 会話

Track 073

영희　히로 씨, 누나는 일본에 언제 가세요?

히로　다음 주 토요일에 돌아가요.

영희　그럼 이번 주말에 같이 인사동에 갈래요?

히로　좋아요. 저도 가고 싶었어요.

　　　어디서 만날까요?

영희　서울백화점 정문 앞에서 세 시에 만나요.

히로　인사동 구경을 하고 저녁도 먹어요.

ヨンヒ　廣さん、お姉さんは日本にいつお帰りですか。

廣　来週土曜日に帰ります。

ヨンヒ　じゃあ今度の週末に一緒に仁寺洞に行きますか。

廣　いいですよ。私も行きたかったんです。

　　　どこで会いましょうか。

ヨンヒ　ソウルデパート正面入口の前で3時に会いましょう。

廣　仁寺洞見物をして夕食も食べましょう。

새 단어 新出単語

다음 次	-에 돌아가다 -に帰って行く
어디서 どこで	정문 正門、正面入口
세 시 3時	구경을 하다 見物をする

1시 (한 시) 1時	2시 (두 시) 2時	3시 (세 시) 3時
4시 (네 시) 4時	5시 (다섯 시) 5時	6시 (여섯 시) 6時
7시 (일곱 시) 7時	8시 (여덟 시) 8時	9시 (아홉 시) 9時
10시 (열 시) 10時	11시 (열한 시) 11時	12시 (열두 시) 12時

Track 074

발음 発音

激音化

「ㄱ、ㄷ、ㅂ、ㅈ」などの前または後に「ㅎ」がある場合、それらが合わさって激音/ㅋ、ㅌ、ㅍ、ㅊ/になる。

* 백화점 [배콰점]　　* 입학 [이팍]　　* 축하 [추카]

1

> –세요?
> –으세요?

다음 보기 와 같이 주어진 단어를 사용하여 문장을 완성하세요.
次の例のように、与えられた単語を使って文章を完成させましょう。

보기

언제 가세요? (언제, 가다)

무슨 책을 읽으세요? (무슨 책, 읽다)

(1) 무슨 운동 _____? (무슨 운동, 좋아하다)

(2) 언제_____? (언제, 일본에 돌아가다)

(3) _____? (시간이 있다)

(4) _____? (이번 여름, 휴가를 떠나다)

▶ 돌아가다 帰って行く │ 여름 夏 │ 떠나다 出かける

2

> 가 (같이) ⁻ㄹ 래요?
>   ⁻을
>
> 나 네. 좋아요. / 네. 같이 ⁻어 요.
>   ⁻아
>   ⁻여

다음 보기 와 같이 주어진 단어나 표현을 사용하여 대화를 완성하세요.
次の例のように、与えられた単語や表現を使って会話を完成させましょう。

보기

가 오늘 저녁에 같이 일식을 먹을래요? (오늘 저녁, 일식을 먹다)

나 네. 좋아요. / 네, 같이 일식을 먹어요.

(1) 가 토요일에 같이 _____? (토요일, 한국 영화를 보다)

　　나 네. 좋아요. / 네. 같이 _____.

(2) 가 내일 _____? (내일, 경복궁에 가다)

　　나 네. 좋아요. / 네. 같이 _____.

(3) 가 _____? (이번 주말, 코엑스에 가다)

　　나 네. 좋아요. / 네. 같이 _____.

文型29

–(으)세요?は、尊敬の疑問形語尾。用言の語幹末にパッチムがある場合は–으세요?となる。

例 語幹末にパッチムがない用言:
가세요?
語幹末にパッチムがある用言:
읽으세요?

ただし、一部の動詞には尊敬の意味を表す別の動詞がある。

例 먹다 – 잡수시다 (드시다)
자다 – 주무시다
있다 – 계시다
말하다 – 말씀하시다

文型30

–ㄹ/을래요?(〜ましょうか)は、–겠어요?(〜ますか)や–고 싶어요?(〜たいですか)などのように相手の意向を尋ねる疑問形で、身近な人に対して使う。語幹末にパッチムがない場合は–ㄹ래요?、語幹末にパッチムがある場合は–을래요?となる。これに対する返事같이–(아/어/여)요は「一緒に〜ましょう」という意味で勧誘形の–ㅂ시다と同じ表現である。

例 가 : 지금 갈래요?
(今、行きましょうか。)
나 : 네. 가요.
(はい。行きましょう。)

③

가	어디서	-ㄹ 까요? -을 까요?
나	-에서	- 어 - 아 요. - 여

다음 보기 와 같이 주어진 단어를 사용하여 대화를 완성하세요.
次の例のように、与えられた単語を使って会話を完成させましょう。

보기
가 어디서 만날까요? (만나다)
나 학교 정문 앞에서 만나요. (학교 정문 앞)

(1) 가 어디서 _____? (영화를 보다)
　　나 _____에서 _____. (코엑스)

(2) 가 어디서 _____? (쇼핑하다)
　　나 _____에서 _____. (동대문시장)

(3) 가 _____? (밥을 먹다)
　　나 _____. (일식당)

(4) 가 _____? (커피/를 마시다)
　　나 _____. (스타벅스)

▶ 스타벅스 スターバックス

④

-고

다음 보기 와 같이 주어진 표현을 사용하여 문장을 완성하세요.
次の例のように、与えられた表現を使って文章を完成させましょう。

보기
운동을 하고 샤워를 해요. (운동을 하다, 샤워를 하다)

(1) _____. (세수하다, 아침을 먹다)

(2) _____. (저녁을 먹다, 차를 마시다)

(3) _____. (일이 끝나다, 운동을 하다)

▶ 샤워를 하다 シャワーをする ｜ 세수하다 顔を洗う ｜ -이/가 끝나다 ～が終わる

文型 31
勧誘形の -어요 :
-ㄹ/을까요?(～ましょうか)
は、勧誘の語尾である。
(☞ 文型 16)したがって、これに
対する返事の-(어/아/여)
요(～ましょう)も、インフォーマル
な勧誘形である。
例 가 : 뭘 먹을까요?
　　（何を食べましょうか。）
　 나 : 불고기를 먹어요.
　　（プルゴギを食べましょう。）

文型 32
-고(～て)は、動詞の語幹に付
いて行為の順序を表す。
例 운동을 하고 샤워를 해요.
　（運動をしてシャワーをします。）

가 _____ 씨, 아침에 뭐해요?

나 저는 세수를 하고 _____ .

그리고 _____ .

_____ 씨는 어때요?

가 저는 _____ 고 _____

그리고 _____ .

● 친구에게 학교 오기 전에 아침에 무엇을 하는지 물어보세요.
朝、学校に来る前に何をするか、友だちにきいてみましょう。

동사 動詞

세수하다
顔を洗う

아침을 먹다
朝ごはんを食べる

운동을 하다
運動をする

신문을 보다
新聞を読む

화장을 하다
化粧をする

이를 닦다
歯をみがく

면도를 하다
ひげをそる

옷을 입다
服を着る

가 이번 주말에 같이 　　　　　 에 갈래요?

나 좋아요. 저도 한번 가고 싶었어요.
　 어디서 만날까요?

가 　　　　　　　 에서 만나요.

나 네, 좋아요.

● **반 친구와 주말에 갈 곳과 만날 장소를 정하세요.**
　クラスメートと週末に行く所と会う場所を決めましょう。

장소 場所

N서울타워	동대문시장	롯데월드	이태원	코엑스	대학로
Nソウルタワー	東大門市場	ロッテワールド	梨泰院	コエックス	大学路

위치 位置

학교 정문 앞	동대문역	도서관 앞	이태원역	기숙사 앞	어학당 앞
学校の正門前	東大門駅	図書館の前	梨泰院駅	寮の前	語学堂の前

● 보기 와 같이 친구와 주말 약속을 잡아 보세요.　　 Track 077
例のように、友だちと週末の約束を決めてみましょう。

	제안 1	약속 장소, 시간	제안 2
친구1	인사동에 가다	도서관 앞, 저녁 6시	인사동 구경을 하다 전통차를 마시다
친구2	영화를 보다		
친구3	운동하다		
친구4			
친구5			

보기

가　이번 주말에 같이 **인사동**에 갈까요?

나　좋아요. 어디서 만날까요?

가　**도서관 앞**에서 **저녁 6시**에 만나요.

나　**인사동 구경**을 하고 **전통차**도 마셔요.

▶ 전통차 伝統茶

1   다음에 나오는 *제임스* 씨의 하루 일과를 읽고 질문에 맞는 답을 쓰세요.
次のジェームスさんの一日の日課を読んで、質問に合う答えを書きましょう。

저는 보통 아침에 수영을 해요. 수영을 하고
아침을 먹고 학교에 가요. 학교에서 한국어를
배워요. 그리고 친구와 같이 점심을 먹고 도서
관에서 숙제를 해요. 먼저 숙제를 하고 놀아요.
저녁에는 아르바이트를 해요. 아르바이트를
하고 8시쯤 집에 와요. 집에서 저녁을 먹고
텔레비전을 조금 보고 12시쯤 자요.

(1) 제임스 씨의 하루 일과를 순서대로 번호를 써 보세요.
ジェームスさんの一日の日課を、順序どおり番号を書いてみましょう。

④ →   →   →   →   →   →   → ⑦

(2) 제임스 씨가 저녁에 <u>하지 않는</u> 것은 뭐예요? ジェームスさんが夕方に<u>しない</u>ことは何ですか。

  ㉮ 아르바이트를 해요.   ㉯ 밥을 먹어요.

  ㉰ 숙제를 해요.   ㉱ 텔레비전을 봐요.

▶ 먼저 まず ｜ 놀다 遊ぶ ｜ −쯤 −頃 ｜ 조금 少し ｜ 자다 寝る

2 다음은 *나오키* 씨의 글이에요. 읽고 질문에 맞는 답을 쓰세요.
次の直樹さんの文章を読んで、質問に合う答えを書きましょう。

저는 금요일마다 농구를 해요. 보통 금요일 오후에 학교에서 숙제를 하고 저녁에 농구를 해요. 지난주 금요일에는 민우 씨와 같이 학교 운동장에서 농구를 했어요. 농구를 하고 같이 저녁도 먹었어요. 8시쯤에 민우 씨 여자 친구도 왔어요. 우리는 같이 맥주를 마시고 노래방에 갔어요. 노래방에서 노래를 불렀어요. 아주 재미있었어요.

(1) 다음 중 위 글의 내용과 다른 것을 고르세요.
次のうち、上の文章の内容と違うものを選びましょう。

㉮ 나오키 씨는 학교에서 숙제를 했어요.

㉯ 나오키 씨는 운동을 하고 숙제를 했어요.

㉰ 나오키 씨는 저녁을 먹고 맥주를 마셨어요.

㉱ 나오키 씨는 지난주 금요일에 농구를 했어요.

(2) 나오키 씨는 누구와 같이 맥주를 마셨어요? 直樹さんは誰と一緒にビールを飲みましたか。

_____

3 여러분의 하루 일과를 써 보세요. みなさんの一日の日課について書いてみましょう。

_____

_____

_____

_____

▶ 운동장 運動場 | 우리 私たち | 맥주 ビール | 노래방 カラオケボックス

1 다음을 잘 듣고 맞는 것끼리 연결하세요. 音声をよく聞いて、合うものを線で結びましょう。 🔊 Track 078

(1) •

(2) •

(3) •

• ㉮

• ㉯

• ㉰

2 다음을 잘 듣고 순서대로 번호를 쓰세요. 音声をよく聞いて、順序どおり番号を書きましょう。 🔊 Track 079

① 　② 　③ 　④　⑤

_____ → _____ → _____ → _____ → ③

3 다음 대화를 듣고 밑줄 친 곳을 채우세요. 次の会話を聞いて、下線部を埋めましょう。 🔊 Track 080

(1) 미영 씨와 마이클 씨는 토요일 _____에 같이 영화를 봐요.

(2) 미영 씨와 마이클 씨는 _____시에 _____에서 만나요.

(3) 미영 씨와 마이클 씨는 영화를 보고 _____.

2호선에서 3호선으로 갈아타야 해요.

2号線から3号線に乗り換えなければいけません。

준비 準備

다음 그림에 알맞은 것을 ㉮~㉽에서 골라 빈칸에 써넣으세요.
次の絵に合うものを㉮~㉽から選んで空欄に書き入れましょう。

㉮ 출구　　　　㉯ 택시　　　　㉰ 버스　　　　㉱ 지하철　　　　㉲ -을/를 타다

㉳ -에서 내리다　　　㉴ -(으)로 갈아타다　　　　㉵ 버스 정류장　　　㉶ 표사는 곳

(1)

 라

(2)

(3)

(4)

(5)

(6)

(7)

(8)

(9)

히로 여기서 인사동은 어떻게 가요?

영희 직접 가는 버스가 없어요.
　저쪽에서 지하철을 타야 해요.

히로 어디에서 내려요?

영희 3호선 안국역에서 내려서 6번 출구로
　나가면 돼요.

히로 여기서 인사동까지 얼마나 걸려요?

영희 지하철로 20분쯤 걸려요.

廣　ここから仁寺洞へはどうやって行きますか。
ヨンヒ 直接仁寺洞まで行くバスはありません。
　あちらで地下鉄に乗らなければいけません。
廣　どこで降りますか。
ヨンヒ 3号線安国駅で降りて6番出口へ出ればいいです。
廣　ここから仁寺洞までどれくらいかかりますか。
ヨンヒ 地下鉄で20分ぐらいかかります。

새 단어 新出単語

어떻게 どうやって	직접 直接
저쪽 あちら	얼마나 どれくらい
(시간) 이/가 걸리다 (時間)がかかる	
-호선 -号線	까지 -まで

발음 発音

激音化
「ㄱ、ㄷ、ㅂ、ㅈ」などの前または後に「ㅎ」がある場合、それらが合わさって激音/ㅋ、ㅌ、ㅍ、ㅊ/になる。

● 어떻게 [어떠케]　　● 좋다 [조타]　　● 많다 [만타]

濃音化
パッチムが/ㄱ、ㄷ、ㅂ/で発音され、その後に「ㄱ、ㄷ、ㅂ、ㅅ、ㅈ」で始まる文字が続く場合、後続の「ㄱ、ㄷ、ㅂ、ㅅ、ㅈ」を濃音/ㄲ、ㄸ、ㅃ、ㅆ、ㅉ/で発音する。

● 직접 [직쩝]　　● 복잡 [복짭]　　● 곧장 [곧짱]

ㄴ添加
子音で終わる単語の後に「이」を含む母音「이、야、여、요、유、예、얘」で始まる単語が結びつく場合、後続の母音の前に「ㄴ」が添加されて/니、냐、녀、뇨、뉴、녜、냬/となる。

● 안국역 [안궁녁]　　● 종각역 [종강녁]

1

> −어
> −아 야 해요.
> −여

다음 보기 와 같이 주어진 표현을 사용하여 문장을 완성하세요.
次の例のように、与えられた表現を使って文章を完成させましょう。

보기 | 가야 해요. (가다) 읽어야 해요. (읽다) 청소해야 해요. (청소하다)

(1) 3호선을 _____ . (3호선을 타다)

(2) 식후 30분에 _____ . (식후 30분에 먹다)

(3) _____ . (신분증을 준비하다)

(4) _____ . (이름과 주소를 쓰다)

(5) _____ . (책을 돌려주다)

▶ 식후 食後 │ 신분증 身分証 │ 주소 住所 │ −을/를 돌려주다 −を返す

2

> −어
> −아 서
> −여

다음 보기 와 같이 주어진 표현을 사용하여 문장을 완성하세요.
次の例のように、与えられた表現を使って文章を完成させましょう。

보기 | 안국역에서 내려서 6번 출구로 나가요.
(안국역에서 내리다. 6번 출구로 나가다)

(1) _____ 주었어요. (과자를 만들다. 친구에게 주었다)

(2) _____ 샀어요. (마트에 가다. 라면을 샀다)

(3) _____ . (자장면을 시키다. 먹었다)

(4) _____ . (선물을 사다. 보냈다)

(5) _____ . (메모를 하다. 책상 위에 놓았다)

▶ −을/를 시키다 −を注文する │ 메모를 하다 メモをする │ −에 놓다 −に置く

중요 문형

文型 33

用言の語幹に−(어/아/여)야 하다を付けて「〜なければならない」という意味を表す。用言の語幹末母音によって−아야、−어야、−여야となる。

例 가 + 아야 해요 (→가야 해요)
오 + 아야 해요 (→ 와야 해요)
먹 + 어야 해요 (→ 먹어야 해요)
배우 + 어야 해요 (→배워야 해요)
만들 + 어야 해요 (→ 만들어야 해요)
입 + 어야 해요 (→ 입어야 해요)
보내 + 어야 해요 (→ 보내야 해요)
하 + 여야 해요 (→ 해야 해요)

文型 34

−(어/아/여)서(〜て)は、行為の時間的な順序を表し、先行節と後続節が密接な関係を持つ。先行節と後続節の主語は一致しなければならない。

例 서점에 가서 (서점에서) 책을 샀어요.
(本屋に行って(本屋で)本を買いました。)

☞ 文型 32 −고との比較

1) 친구를 만나고 영화를 봤어요. (友だちに会って、それから映画を見ました。：友だちと一緒に映画を見たとは限らない)

2) 친구를 만나서 영화를 봤어요. (友だちに会って映画を見ました。：友だちと一緒に映画を見た)

❸
```
-면
-으면  돼요.
```

다음 보기 와 같이 주어진 표현을 사용하여 문장을 완성하세요.
次の例のように、与えられた表現を使って文章を完成させましょう。

보기
> 3번 출구로 나가면 돼요. (3번 출구로 나가다)
> 이 약은 하루에 세 번 먹으면 돼요. (이 약은 하루에 세 번 먹다)

(1) 저쪽으로 _____ . (저쪽으로 가다)

(2) 책상 위에 _____ . (책상 위에 놓다)

(3) _____ . (신분증을 준비하다)

(4) _____ . (검정색 옷을 입다)

▶ 약 藥

文型35

用言の語幹に-(으)면 되다を
付けて、「～ばいい」という意味
を表す。되다のかわりに괜찮다
を使ってもよい。

例 가 : 늦지 않았어요?
(遅れるんじゃないですか。)
나 : 3시까지 가면 돼요.
(3時までに行けばいいです。)

❹
```
가  -은/는 어떻게 가요?
나  -로
    -으로  가면 돼요.
```

다음 보기 와 같이 주어진 단어를 사용하여 대화를 완성하세요.
次の例のように、与えられた単語を使って会話を完成させましょう。

보기
> 가 인사동은 어떻게 가요?(인사동)   가 여의도는 어떻게 가요?(여의도)
> 나 버스로 가면 돼요. (버스)   나 지하철로 가면 돼요. (지하철)

(1) 가 설악산 _____ ? (설악산)
    나 고속버스 _____ . (고속버스)

(2) 가 대학로 _____ ? (대학로)
    나 버스 _____ . (버스)

(3) 가 _____ ? (남산)
    나 _____ . (지하철)

▶ 여의도 汝矣島 | 버스 バス | 지하철 地下鉄 | 고속버스 高速バス

文型36

-(으)로は、日本語の「-で」と
同じように、手段・方法・道
具などの意味を表す。直前の
名詞が母音や ㄹ で終わる場合
は-로、そのほかの子音で終わ
る場合は-으로を使う。

例 -로: 버스로, 지하철로
(バスで、電車で)
-으로: 여객선으로
(旅客船で)

가 여기서 　　　　　 -은/-는 어떻게 가요?

나 직접 가는 버스가 없어요.
저쪽에서 지하철을 타야 해요.

가 어디에서 내려야 돼요?

나 　　　　　에서 내려서
　　　번 출구로 나가면 돼요.

● 위 대화문 빈칸에 다음의 단어를 사용하여 두 사람씩 짝을 지어 이야기해 보세요.
二人ずつペアを組んで、上の会話文の空欄に次の単語を入れて話してみましょう。

장소와 지하철역　場所と地下鉄駅

인사동	코엑스	교보문고	롯데월드	남산
仁寺洞	コエックス	教保文庫	ロッテワールド	南山

3호선 안국역	2호선 삼성역	5호선 광화문역	2호선 잠실역	4호선 명동역
3号線安国駅	2号線三成駅	5号線光化門駅	2号線蚕室駅	4号線明洞駅

3번 출구	4번 출구	5번 출구	6번 출구	7번 출구

가 여기서　　　　　　　　 -은/-는 어떻게 가요?

나 　　　　-은/-는　　　　에서 가까워요.

1호선을 타고 　　　　　　에서

＿＿＿호선으로 갈아타면 돼요.

가 시간이 얼마나 걸려요?

나 지하철로 　　　　 쯤 걸려요.

● 위 대화문 빈칸에 다음의 단어를 사용하여 두 사람씩 짝을 지어 이야기해 보세요.
二人ずつペアを組んで、上の会話文の空欄に次の単語を入れて話してみましょう。

가는 곳 行く所	갈아타는 곳 乗り換える所		내리는 곳 降りる所	걸리는 시간 かかる時間
인사동 仁寺洞	종로3가역	3호선 ➡	안국역	25분
코엑스 コエックス	왕십리역	2호선 ➡	삼성역	35분
남산 南山	동대문역	4호선 ➡	명동역	20분
롯데월드 ロッテワールド	왕십리역	2호선 ➡	잠실역	30분
교보문고 教保文庫	왕십리역	5호선 ➡	광화문역	25분

Track 085

● 지하철 노선도를 참고해서 다음 장소에 가는 방법을 묻고 [보기] 와 같이 대답해 보세요.

地下鉄路線図を参考にしながら、例のように、次の場所に行く方法を尋ねたり答えたりしてみましょう。

| 신촌 ↓ 고속터미널 | 동대문 ↓ 롯데월드(잠실역) | 시청역 ↓ 예술의 전당 (남부터미널역) | 잠실역 ↓ 명동 | 사당역 ↓ 김포공항 |

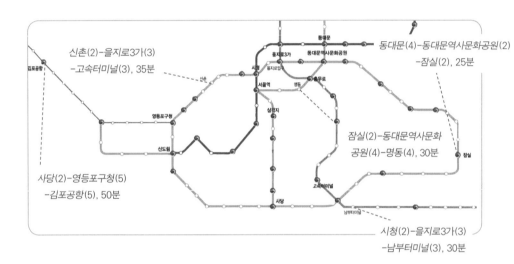

신촌(2)-을지로3가(3)
-고속터미널(3), 35분

동대문(4)-동대문역사문화공원(2)
-잠실(2), 25분

잠실(2)-동대문역사문화
공원(4)-명동(4), 30분

사당(2)-영등포구청(5)
-김포공항(5), 50분

시청(2)-을지로3가(3)
-남부터미널(3), 30분

[보기]

가　**신촌**에서 **고속터미널**까지 어떻게 가요?

나　**신촌**역에서 2호선을 타고 을지로3가역에서
　　3호선으로 갈아타야 해요.
　　그리고 **고속터미널**역에서 내리면 돼요.

가　**고속터미널**까지 시간이 얼마나 걸려요?

나　35분쯤 걸려요.

1 다음 **나오미** 씨의 이야기를 잘 읽고 질문에 맞는 답을 쓰세요.
次の尚美さんの話をよく読んで、質問に合う答えを書きましょう。

어제 친구하고 같이 경복궁에 갔어요. 우리 집
에서 경복궁까지는 교통이 불편해요. 바로 가는
버스가 없어요. 지하철도 많이 갈아타야 해요.
그래서 택시를 탔어요. 경복궁은 아주 멋있었어
요. 사진도 많이 찍었어요. 우리는 명동에도 갔
어요. 먼저 경복궁역에서 지하철 3호선을 타고
충무로에서 4호선으로 갈아탔어요. 그리고 명동
역에서 내렸어요. 명동은 사람이 아주 많았어요.
그렇지만 재미있었어요.

(1) 나오미 씨는 어제 어디에 갔어요? 昨日、尚美さんはどこに行きましたか。

　　㉮ 경복궁하고 명동　　㉯ 신촌하고 명동　　㉰ 경복궁하고 충무로　　㉱ 충무로하고 명동

(2) 나오미 씨 집에서 경복궁까지 어떻게 갔어요? 尚美さんの家から景福宮までどうやって行きましたか。

　　㉮ 지하철로　　　　㉯ 버스로　　　　㉰ 택시로　　　　㉱ 공항 버스로

(3) 나오미 씨와 나오미 씨 친구는 경복궁에서 명동까지 어떻게 갔어요?
尚美さんと尚美さんの友だちは、景福宮から明洞までどうやって行きましたか。

| 경복궁역 | → | | → | 명동역 |

3호선

▶ 교통이 불편하다 交通が不便だ │ -(으)로 갈아타다 -に乗り換える │ 그렇지만 でも

2 다음 *이메일*을 잘 읽고 질문에 맞는 답을 쓰세요. 次のメールをよく読んで質問に合う答えを書きましょう。

보낸 날짜	2020년 9월 26일 토요일
📇 보낸 사람	마이클(micheal85@hotmail.com)
📇 받는 사람	미영(miyeoung@yahoo.co.kr)

미영 씨, 내일 저녁 6시에 우리 집에서 제 생일 *파티*가 있어요. 우리 집은 이태원이에요. 신촌역에서 지하철 2호선을 타야 해요. 그리고 합정역에서 6호선으로 갈아타고 이태원역에서 내리면 돼요. 신촌에서 이태원까지 30분쯤 걸려요. 2번 출구로 나와서 저에게 전화하세요. 이태원역에서 우리 집까지 5분쯤 걸려요. 그럼 내일 봐요.

(1) *마이클* 씨는 왜 *미영* 씨에게 *이메일*을 보냈어요? マイケルさんはなぜミヨンさんにメールを送りましたか。

_____

(2) 신촌역에서 *마이클* 씨 집에 어떻게 가요? 新村駅からマイケルさんの家にどうやって行きますか。

신촌역 ➡ _____ ➡ 이태원역
_____   6호선

(3) 신촌역에서 이태원역까지 시간이 얼마나 걸려요? 新村駅から梨泰院駅までどれくらい時間がかかりますか。

　㉮ 25분쯤　　　　㉯ 30분쯤　　　　㉰ 35분쯤　　　　㉱ 40분쯤

3 친구와 경복궁에 가고 싶어요. 경복궁에서 친구를 만나려고 해요. 친구가 사는 신촌에서 경복궁까지 가는 방법을 *이메일*로 알려 주세요. 友だちと景福宮に行きたいです。景福宮で友だちに会うつもりです。友だちが住んでいる 新村から景福宮まで行く方法をメールで知らせて下さい。

보낸 날짜 :　　년　　월　　일　　요일

보낸 사람 :

받는 사람 :

▶ *이메일* メール

① 다음을 잘 듣고 맞는 그림을 고르세요. 音声をよく聞いて、適当な絵を選びましょう。 🔊 Track 086

(1) •

(2) •

(3) •

• ㉮

• ㉯

• ㉰

② 다음을 잘 듣고 내용이 맞으면 ◯, 틀리면 ✖ 표 하세요. 🔊 Track 087
音声をよく聞いて、内容が合っていれば◯、間違っていれば×をしましょう。

(1) 남자는 인천공항에 가고 싶어요.　　　(　　　)

(2) 공항까지 직접 가는 버스가 없어요.　　　(　　　)

(3) 잠실에서 공항까지 1시간쯤 걸려요.　　　(　　　)

③ 다음을 잘 듣고 빈칸에 맞는 답을 쓰세요. 🔊 Track 088
音声をよく聞いて、空欄に適当な答えを書きましょう。

(1) 오늘 저녁에 제인 씨 집에서 _____을/를 해요.

(2) 제인 씨 집은 지하철 _____호선을 타고 _____역에 내려서 _____
　　출구로 나오면 돼요.

10 좀 큰 걸로 주세요.

少し大きいのを下さい。

다음 그림에 알맞은 것을 ㉮~㉯에서 골라 빈칸에 써넣으세요.

次の絵に合うものを㉮~㉯から選んで空欄に書き入れましょう。

㉮ 옷을 입다   ㉯ 모자를 쓰다   ㉰ 가방을 메다   ㉱ 가방을 들다   ㉲ 구두를 신다

㉳ 목도리를 하다   ㉴ 넥타이를 매다   ㉵ 반지를 끼다   ㉯ 시계를 차다

(1) 　㉰

(2)

(3)

(4)

(5)

(6)

(7)

(8)

(9)

Track 089

점 원   어서 오세요.

나오미   이 티셔츠 얼마예요?

점 원   15,000원이요. 한번 입어 보세요.

나오미   네. 옷 갈아입는 곳이 어디예요?

점 원   이쪽으로 오세요.

　　　　(잠시 후)

나오미   미안하지만, 좀 큰 걸로 주세요.

점 원   네. 잠깐만요.

店員　いらっしゃいませ。

尚美　このTシャツ、いくらですか。

店員　15,000ウォンです。どうぞご試着なさってください。

尚美　はい。試着室はどこですか。

店員　こちらへどうぞ。

　　　（しばらくして）

尚美　すみませんが、少し大きいのを下さい。

店員　はい、少々お待ちください。

새 단어 新出単語

점원 店員

어서 오세요 いらっしゃいませ

얼마예요? いくらですか

-을/를 갈아입다 -を着替える

이쪽 こちら

잠깐만요 少々お待ちください

-원 -ウォン

곳 所

미안하다 すまない

이 + 명사　この + 名詞	그 + 명사　その + 名詞	저 + 명사　あの + 名詞

100 백 百	1,000 천 千	10,000 만 万	100,000 십만 十万	1,000,000 백만 百万	10,000,000 천만 千万

Track 090

발음 発音

鼻音化

パッチム「ㄱ、ㄷ、ㅂ」などの後に「ㄴ、ㅁ」で始まる文字が続く場合、「ㄱ、ㄷ、ㅂ」などが鼻音化し、それぞれ/ㅇ、ㄴ、ㅁ/になる。

- 십만 [심만]
- 하십니까? [하심니까]
- 백만 [뱅만]
- 한국말 [한궁말]

1

> 가 이 – 얼마예요?
> 나 –원이요.

다음 보기 와 같이 주어진 단어를 사용하여 문장을 완성하세요.
次の例のように、与えられた単語を使って文章を完成させましょう。

보기
> 가 이 티셔츠 얼마예요? (이 티셔츠)
> 나 이만 오천 원이요. (25,000원)

(1) 가 _____? (이 청바지)
　　 나 _____. (79,000원)

(2) 가 _____? (이 운동화)
　　 나 _____. (62,000원)

(3) 가 _____? (이 양말)
　　 나 _____. (3,000원)

(4) 가 _____? (이 스웨터)
　　 나 _____. (54,000원)

▶ 청바지 ジーパン ｜ 양말 靴下 ｜ 스웨터 セーター

2

> –어
> –아 보세요.
> –여

다음 보기 와 같이 주어진 표현을 사용하여 문장을 완성하세요.
次の例のように、与えられた表現を使って文章を完成させましょう。

보기
> 이 옷을 입어 보세요. (이 옷을 입다)
> 이 목도리를 해 보세요. (이 목도리를 하다)

(1) _____. (이 구두를 신다)

(2) _____. (이 가방을 메다)

(3) _____. (이 스카프를 하다)

(4) _____. (이 치마를 입다)

▶ 스카프 スカーフ

文型 37

얼마예요?(いくらですか)는、
品物の値段を尋ねる表現である。

例 이 가방 얼마예요?
（このかばん、いくらですか。）

文型 38

動詞の語幹に–어/아/여 보다
を付けると、「～てみる」とい
う意味を表す。

例 한번 입어 보세요.
（一度ご試着なさってください。）
한번 써 보세요.
（一度書いてみてください。）

❸

> **$-\frac{\llcorner}{\underline{\mathstrut \circleddash}}$ + 名詞 / $-\overset{\mathstrut}{\underline{\mathstrut \llcorner}}$ + 名詞**

다음 보기 와 같이 바꿔 보세요.
次の例のように変えてみましょう。

> 보기
>
> 작은 가방 (작다, 가방) / 큰 가방 (크다, 가방)
> 좋아하는 색 (좋아하다, 색)

(1) _____ . (짧다, 치마)

(2) _____ . (편하다, 구두)

(3) _____ . (멋있다, 넥타이)

(4) _____ . (많이 입다, 티셔츠)

(5) _____ . (유행하다, 코트)

▶ 짧다 短い │ 편하다 楽だ │ 멋있다 かっこいい │ 많이 たくさん │
유행하다 流行する │ 코트 コート

❹

> **$-\frac{\mathstrut \text{로}}{\underline{\mathstrut \text{으로}}}$ 주세요.**

다음 보기 와 같이 문장을 완성하세요.
次の例のように文章を完成させましょう。

> 보기
>
> 이 모자로 주세요. (이 모자)
> 큰 가방으로 주세요. (큰 가방)

(1) _____ . (이 반바지)

(2) _____ . (큰 것)

(3) _____ . (한 치수 작은 것)

(4) _____ . (흰색)

(5) _____ . (그 노란색 티셔츠)

▶ 치수 サイズ

文型39

動詞の現在連体形は、語幹に
‐는を付ける。形容詞の現在連
体形は、語幹末にパッチムがあ
れば‐은、パッチムがなければ
‐ㄴを付ける。

例 動詞:
　좋아하다(好む)
　→ 좋아하는 색(好みの色)

　形容詞:
　크다(大きい)
　→ 큰 가방(大きいかばん)
　작다(小さい)
　→ 작은 가방(小さいかばん)

文型40

‐(으)로(‐で/へ/を)は、바꾸다
(替える)などのような単語と一
緒に使い、「代替」の意味を表す。
큰 걸로は큰 것으로の口語的な
縮約形である。

例 좀 작은 것으로 주세요.
　(少し小さいのを下さい。)

손님   이   얼마예요?

점원   원이요.

손님   -은
                -는 얼마예요?

점원   원이에요.

●   다음 가게에서 물건의 가격을 물어보세요. 次の店で品物の値段をきいてみましょう。

옷가게

신발가게

청바지 ジーパン	98,000원		구두 靴	150,000원
원피스 ワンピース	152,000원		샌들 サンダル	85,000원
스웨터 セーター	64,000원		슬리퍼 スリッパ	60,000원
코트 コート	317,000원		운동화 運動靴	53,000원
티셔츠 Tシャツ	43,600원		부츠 ブーツ	210,000원

회화 연습2 会話練習2

점원 이   한번   -어 / -아 보세요. / -여

(잠시 후)

점원 어떠세요?

손님 미안하지만 좀   걸로 주세요.

점원 네. 잠깐만요.

한 명은 점원, 한 명은 손님이 되어 대화해 보세요.
二人ずつペアを組み、一人は店員、一人はお客さんになって、会話してみましょう。

(원피스) 입다 (구두) 신다 (목도리) 하다 (모자) 쓰다 (가방) 메다, 들다
(ワンピース)着る (靴)履く (マフラー)する (帽子)かぶる (かばん)かける, 持つ

길다 長い / 짧다 短い   굽이 높다 かかとが高い / 굽이 낮다 かかとが低い   두껍다 厚い / 얇다 薄い   크다 大きい / 작다 小さい   가볍다 軽い / 무겁다 重い

● 가족에게 줄 선물을 사려고 해요. 무엇을 사면 좋을지, 어디에 가면 좋을지   Track 093
보기 와 같이 친구와 이야기해 보세요. 家族へのおみやげを買おうと思っています。

何を買えばよいか、どこに行けばよいか、例のように、友だちと話してみましょう。

	선물	장소
아버지	넥타이	백화점
어머니		

백화점
デパート

동대문시장
東大門市場

인사동
仁寺洞

보기

가   저는 한국에서 **아버지** 선물을 사고 싶어요.
뭐가 좋아요?

나   **아버지**는 뭘 좋아하세요?

가   **넥타이**를 좋아하세요.

나   그래요? 그럼 **백화점**에 가 보세요.
백화점에는 멋있는 **넥타이**가 많이 있어요.

126

❶ 다음을 읽고 질문에 맞는 답을 쓰세요. 次の文章を読んで、質問に合う答えを書きましょう。

작년 여름에는 긴 원피스와 굽이 높은 샌들이 유행이었어요. 그렇지만 올여름에는 짧은 원피스와 굽이 낮은 샌들이 유행이에요. 그리고 밝은 색과 꽃무늬 원피스가 유행이에요. 남자들은 올여름에 밝은 색 티셔츠와 시원한 반바지, 편한 슬리퍼가 어때요?

(1) 올여름에는 어떤 것이 유행이에요? 今年の夏は、どんな服がはやっていますか。

(2) 위 글에서 남자들에게는 올여름에 어떤 것을 추천했어요?
上の文章で、男性に対して今年の夏、どんなものを勧めましたか。

▶ 작년 去年 │ 유행 流行 │ 그렇지만 でも │ 올여름 今年の夏 │ 밝다 明るい │ 꽃무늬 花柄 │
　-들 -たち

2 다음 *나오미* 씨의 글을 읽고 질문에 맞는 답을 쓰세요. 次の尚美さんの文章を読んで、質問に合う答えを書きましょう。

지난 주말에는 친구하고 같이 동대문시장에 갔어요. 동대문시장에는 옷, 가방, 모자, 신발 등 여러 가지 물건이 많았어요. 먼저 저는 모자를 써 봤어요. 예쁜 모자가 많았어요. 저는 시원한 흰색 모자로 샀어요. 티셔츠도 입어 보고 반바지도 입어 봤어요. 가방과 신발도 구경했어요. 올여름에 유행하는 색은 파란색이에요. 그래서 저는 파란색 반바지도 샀어요. 동대문시장은 정말 재미있어요. 다음에도 또 가고 싶어요.

(1) 나오미 씨가 산 물건을 모두 고르세요. 尚美さんが買った品物をすべて選びましょう。

(2) 올여름에는 무슨 색이 유행이에요? 今年の夏は、どんな色がはやっていますか。

3 다음은 *나오미* 씨 친구가 지난 주말에 쇼핑한 물건들이에요. 이 물건들에 대해서 써 보세요.
次は尚美さんの友だちが先週末に買った品物です。この品物について書いてみましょう。

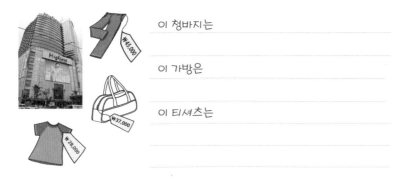

이 청바지는

이 가방은

이 티셔츠는

▶ -등 -など | 여러 가지 いろいろ | 물건 品物 | 많다 多い | 정말 本当に | 다음에 今度 | 또 また

🔊 Track 094

1 다음을 잘 듣고 물건의 가격표에 가격을 쓰세요. 音声をよく聞いて、値札に値段を書きましょう。

2 다음을 잘 듣고 손님이 원하는 물건을 고르세요. 音声をよく聞いて、お客さんが望む品物を選びましょう。

🔊 Track 095

(1) ㉮ 　　㉯

(2) ㉮ 　　㉯

3 다음을 잘 듣고 질문에 답하세요. 音声をよく聞いて、質問に答えましょう。

🔊 Track 096

(1) 요즘 어떤 구두가 유행이에요? 近頃、どんな靴がはやっていますか。

㉮ 　㉯ 　㉰ 　㉱

(2) 손님은 어떤 구두를 샀어요? お客さんはどんな靴を買いましたか。

㉮ 　㉯ 　㉰ 　㉱

11 영희 씨 계세요?

ヨンヒさんいらっしゃいますか。

준비 準備

다음 그림에 알맞은 것을 ㉮～㉯에서 골라 빈칸에 써넣으세요.

次の絵に合うものを㉮～㉯から選んで空欄に書き入れましょう。

㉮ 여보세요.　　　　㉯ 히로 씨 좀 바꿔 주세요.　　　㉰ 잠깐만 기다리세요.

㉱ 지금 안 계신데요.　　㉲ 아닌데요. 548-4903 인데요.　㉳ 잘못 거셨어요.

(1) 히로 / 거기 히로 씨 집이죠? / ㉮

(2) 와타나베 씨 좀 바꿔 주세요.

(3) 히로 지금 없는데요.

(4) 거기 중국집이죠?

(5) 거기 548-4904 아니에요?

(6) 히로 씨 계세요?

会話

영희	여보세요.
히로	저, 영희 씨 계세요?
영희	네, 전데요. 누구세요?
히로	저 히로인데요.
	내일 약속 때문에 전화했어요.
영희	무슨 일이 있어요?
히로	약속 시간을 세 시로 하고 싶어요.

ヨンヒ	もしもし。
廣	あの、ヨンヒさんいらっしゃいますか。
ヨンヒ	はい、私ですが。どちら様ですか。
廣	私、廣ですけど、明日の約束のことでお電話しました。
ヨンヒ	何でしょうか。
廣	約束の時間を3時にしたいんですが。

새 단어 新出単語

전화하다 電話する

 Track 098

발음 発音

濃音化
パッチムが/ ㄱ、ㄷ、ㅂ /で発音され、その後に「ㄱ、ㄷ、ㅂ、ㅅ、ㅈ」で始まる文字が続く場合、後続の
「ㄱ、ㄷ、ㅂ、ㅅ、ㅈ」を濃音/ ㄲ、ㄸ、ㅃ、ㅆ、ㅉ /で発音する。

● 약속 [약쏙]　　　　● 접속 [접쏙]　　　　● 합숙 [합쑥]

①

> 가 **여보세요.**
> 나 **저, – 계세요? / 있어요?**

다음 보기 **와 같이 주어진 단어를 사용하여 대화를 완성하세요.**
次の例のように、与えられた単語を使って会話を完成させましょう。

보기	가 여보세요.	가 여보세요.
	나 저, 김 선생님 계세요? (김 선생님)	나 저, 영희 있어요? (영희)

(1) 가 여보세요.

　　나 사장님 _____? (사장님)

(2) 가 여보세요.

　　나 영미 _____? (영미)

(3) 가 _____.

　　나 _____? (히로 씨)

(4) 가 _____.

　　나 _____? (이 대리님)

▶ 사장님 社長 │ 대리님 代理

文型41

여보세요(もしもし)は、電話を取った人がまず言うあいさつの言葉で、人を呼ぶときにも使う。ほかの人に代わってもらう場合には、–씨, 계세요?(〜さん、いらっしゃいますか)と言う。また、저…(あのう)は、間投詞である。

②

> 가 **– 계세요? / 있어요?**
> 나 **네, (바로) 전데요.**

다음 보기 **와 같이 주어진 단어를 사용하여 대화를 완성하세요.**
次の例のように、与えられた単語を使って会話を完成させましょう。

보기	가 김 선생님 계세요? (김 선생님)	가 영희 있어요? (영희)
	나 네, (바로) 전데요.	나 네, (바로) 전데요.

(1) 가 _____? (정수 씨)　나 네, (바로) 전데요.

(2) 가 _____? (사토)　나 네, (바로) 전데요.

(3) 가 _____? (이 선생님)　나 _____.

(4) 가 _____? (민수)　나 _____.

文型42

(바로) 전데요.は(바로) 저인데요.((まさしく)私ですが)の縮約形で、–ㄴ/인데요(〜ですが)は連結語尾–ㄴ/인데(–が)に終結語尾–요(〜です)を付けたものである。ここでは、(제가 바로) ○○○입니다.((私がまさしく)○○○です)の意味である。

3

> 가 **누구세요?**
> 나 **저 -인데요.**

다음 보기 와 같이 주어진 단어를 사용하여 대화를 완성하세요.
次の例のように、与えられた単語を使って会話を完成させましょう。

> 보기
> 가 누구세요?
> 나 저 _히로인데요._ (히로)

(1) 가 누구세요?

　　나 저_____. (수정)

(2) 가 누구세요?

　　나 저_____. (제임스)

(3) 가 _____?

　　나 _____. (김 대리)

(4) 가 _____?

　　나 _____. (진호)

(5) 가 _____?

　　나 _____. (사토)

文型42 で説明したとおり、－ㄴ/인데요(～ですが)は連結語尾－ㄴ/인데(－が)に終結語尾－요(～です)を付けたもので、話し言葉でよく使われる。저(私)は、저는(私は)の意味である。

例 가 : 누구세요?
　　 (どなたですか。)

　　 나 : 저 제임스인데요.
　　 (私、ジェームスですが。)

4

> **－ 때문에**

다음 보기 와 같이 주어진 단어나 표현을 사용하여 문장을 완성하세요.
次の例のように、与えられた単語や表現を使って文章を完成させましょう。

> 보기
> _내일 약속 때문에 전화했어요._ (내일 약속, 전화했다)

(1) _____한국에 왔어요. (일, 한국에 왔다)

(2) _____잠자기 힘들어요. (모기, 잠자기 힘들다)

(3) _____. (여자 친구, 한국어를 배우다)

(4) _____. (친구, 화가 났다)

때문에(～(の)ために)は、名詞に付いて後続節の理由を表す。

例 비 때문에 여행을 못 갔습니다.
(雨のせいで、旅行に行けませんでした。)

▶ 모기 蚊 ｜ 화가 나다 怒る、頭にくる

Track 099

가 여보세요.

나 _____(이)세요?

　 저 _____인데요.

가 네,_____씨, 무슨 일이에요?

나 　　　　　　　 때문에 전화했어요.

　　　　　　　　　　 고 싶어요.

● **위 대화문 빈칸에 다음의 단어나 표현을 사용하여 두 사람씩 짝을 지어 이야기해 보세요.**
二人ずつペアを組んで、上の会話文の空欄に次の単語や表現を入れて話してみましょう。

명사 名詞

내일 약속	주말 약속	내일 수업	이번 시험	제 생일 파티
明日の約束	週末の約束	明日の授業	今度の試験	私の誕生パーティー

동사 動詞

약속 시간을
바꾸다
約束の時間を変える

약속 장소를
바꾸다
約束の場所を変える

부탁을 좀 하다
お願いする

시험 범위를 알다
試験範囲を知る

-을/를 초대하다
ーを招待する

가 여보세요.

나 저 _____씨 계세요?/있어요?

가

(나 [   ])

(가 [   ])

(나 [   ])

● **위 대화문 빈칸에 다음의 표현을 사용하여 두 사람씩 짝을 지어 이야기해 보세요.**
二人ずつペアを組んで、上の会話文の空欄に次の単語を入れて話してみましょう。

전화 표현 1　電話表現1

몇 번에 거셨어요? 何番におかけになりましたか。　　　잘못 거셨어요. (電話番号が)違います。

지금 안 계신데요. / 지금 없는데요.　　　잠깐만 기다리세요. 少々お待ちください。
今いらっしゃいませんが。 / 今おりませんが。

전화 표현 2　電話表現2

(전화번호) 아니에요? (電話番号)じゃないですか。

거기 2123-1524 아니에요?　　　거기 750-2587 아니에요?
2123-1524じゃないですか。　　　750-2587じゃないですか。

거기 365-5490 아니에요?　　　네, 알겠습니다. 죄송합니다.
365-5490じゃないですか。　　　はい、分かりました。すみません。

●

보기 와 같이 친구들하고 휴대전화로 전화해 보세요.

例のように、友だちと携帯電話で話してみましょう。

 Track 101

롯데월드에 가다

ロッテワールドに行く

약속 시간

約束の時間

2시 → 3시

생일 파티에 초대하다

誕生パーティーに招待する

**오늘 저녁에 같이
식사를 하다**

今日の夕方、一緒に食事をする

슈퍼주니어 콘서트를 보러 가다

スーパージュニアのコンサートを見に行く

보기

가　여보세요.

나　_____ 씨? 저 _____인데요.

가　네, 안녕하세요?

나　_____ 씨, 내일 시간 있어요?
　　같이 롯데월드에 가고 싶어요.

가　네, 좋아요.

▶ 슈퍼주니어 콘서트 スーパージュニアのコンサート ｜ 보러 가다 見に行く

1 다음 *마이클 씨*와 *미영 씨*의 전화 대화를 잘 읽고 질문에 맞는 답을 쓰세요.
次のマイケルさんとミヨンさんの電話での会話をよく読んで、質問に合う答えを書きましょう。

미영　여보세요.

마이클　미영 씨세요? 저 마이클이에요.

미영　안녕하세요, 마이클 씨. 무슨 일이에요?

마이클　내일 제 생일 *파티* 때문에요.

　　　미영 씨를 초대하고 싶어요.

미영　그래요? *파티*를 어디에서 해요?

마이클　수업 후 5시에 우리 집에서요.

미영　네. 그럼, 내일 봐요.

(1) 누가 누구에게 전화했어요? 誰が誰に電話しましたか。

_____

(2) *마이클 씨*는 왜 전화했어요? マイケルさんはなぜ電話しましたか。

　㉮ 내일 약속 때문에　　㉯ 숙제 때문에　　㉰ 생일 *파티* 때문에　　㉱ 시험 때문에

(3) 다음 중 위 글의 내용과 <u>다른</u> 것을 고르세요. 次のうち、上の文章の内容と違うものを選びましょう。

　㉮ 내일 5시에 *파티*를 해요.　　　　　　㉯ *마이클 씨* 집에서 *파티*가 있어요.

　㉰ 내일 *마이클 씨* 생일 *파티*가 있어요.　㉱ 미영 씨는 *마이클 씨*를 *파티*에 초대하고 싶어요.

▶ -에게 -に

2 다음 수정 씨의 이야기를 잘 읽고 질문에 맞는 답을 쓰세요.
次のスジョンさんの話をよく読んで、質問に合う答えを書きましょう。

어제 *제임스 씨*에게 숙제 때문에 전화를 했어요. *제임스 씨* 누나가 전화를 받았어요.
*제임스 씨*는 집에 없었어요. 그래서 1시간 후에 다시 전화를 했어요. 이번에는 *제임스 씨*가 전화를 받았어요. *제임스 씨*에게 숙제를 물어봤어요. 숙제는 없었어요.
기분이 아주 좋았어요.

(1) 수정 씨와 *제임스* 씨 누나의 전화 대화를 고르세요.
スジョンさんとジェームスさんのお姉さんの電話での会話を選びましょう。

㉮ 누나 여보세요.
　　수정 저, *제임스* 씨 있어요?
　　누나 잠깐만 기다리세요.

㉯ 누나 여보세요.
　　수정 저, *제임스* 씨 있어요?
　　누나 전화 잘못 거셨어요.

㉰ 누나 여보세요.
　　수정 저, *제임스* 씨 있어요?
　　누나 지금 집에 없는데요.
　　수정 네, 알겠습니다.

㉱ 누나 여보세요.
　　수정 저, *제임스* 씨 있어요?
　　누나 네, 전데요. 누구세요?
　　수정 저 수정인데요.

(2) 수정 씨는 왜 전화했어요? スジョンさんはなぜ電話しましたか。

㉮ 내일 약속 때문에　　㉯ 숙제 때문에　　㉰ 생일 *파티* 때문에　　㉱ 시험 때문에

(3) 다음 중 위 글의 내용과 같은 것을 고르세요. 次のうち、上の文章の内容と同じものを選びましょう。

㉮ 수정 씨는 기분이 나빴어요.　　㉯ 오늘 숙제는 아주 많았어요.

㉰ 수정 씨는 오늘 숙제를 몰랐어요.　　㉱ 수정 씨는 *제임스* 씨에게 한 번 전화했어요.

3 위 글의 내용을 보고 수정 씨와 *제임스* 씨의 전화 대화를 써 보세요.
上の文章の内容を見て、スジョンさんとジェームスさんの電話での会話を書いてみましょう。

제임스	
수 정	
제임스	
수 정	
제임스	
수 정	
제임스	
수 정	

▶ 전화를 받다 電話を取る ｜ 시간 時間 ｜ 다시 また、再び ｜ 이번에는 今度は ｜ 물어보다 きいてみる ｜
기분 気分 ｜ 나쁘다 悪い

1 다음을 잘 듣고 뒤에 이어질 말을 고르세요. 音声をよく聞いて、後ろに続く言葉を選びましょう。 ● Track 102

(1) ㉮ 거기 546-2354 아니에요?　　　　㉯ 네, 전데요.

(2) ㉮ 잠깐만 기다리세요.　　　　　　　㉯ 안녕히 계세요.

(3) ㉮ 잘못 거셨어요.　　　　　　　　　㉯ 잠깐만 기다리세요.

2 다음을 잘 듣고 내용이 맞으면 ◯, 틀리면 ✕ 표 하세요. ● Track 103
音声をよく聞いて、内容が合っていれば◯、間違っていれば✕をしましょう。

(1) 제임스 씨는 주말 약속 때문에 전화했어요. (　　　　)

(2) 제임스 씨는 약속 시간을 바꾸고 싶어요. (　　　　)

3 다음을 잘 듣고 빈칸에 맞는 답을 쓰세요. 音声をよく聞いて、空欄に適当な答えを書きましょう。 ● Track 104

(1) 영수 씨는 미란 씨하고 같이 _____고 싶어요.

(2) 영수 씨와 미란 씨는 내일 _____시에 _____극장 _____에서 만나요.

12 제주도에 가 봤어요?

済州島に行ったことがありますか。

다음은 어디일까요? 다음 그림에 알맞은 것을 ㉮~㉯에서 골라 빈칸에 써넣으세요.

次はどこでしょうか。次の絵に合うものを㉮~㉯から選んで空欄に書き入れましょう。

㉮ 제주도　　　㉯ 설악산　　　㉰ 경주　　　㉱ 안동 하회마을　　　㉲ 부산 해운대

㉳ 남이섬　　　㉴ 외도　　　㉵ 보성 녹차밭　　　㉶ 동해안 해수욕장

(1)　(2)　(3)

(4)　(5)　(6)

(7)　(8)　(9)

140

수정　나오키 씨, 제주도에 가 봤어요?

나오키　아니요. 아직 못 가 봤어요.

수정　이번 방학에 친구들과 제주도에 가려고 해요.

　　　같이 갈래요?

나오키　같이 가도 돼요?

수정　그럼요. 제 친구들도 좋아할 거예요.

スジョン　直樹さん、済州島に行ったことがありますか。

直樹　　　いいえ。まだ行ったことがありません。

スジョン　今度の休みに友だちと済州島に行くつもりです。

　　　　　一緒に行きますか。

直樹　　　一緒に行ってもいいんですか。

スジョン　もちろんですよ。友だちも喜ぶでしょう。

● Track 106

発음 発音

濃音化

パッチムが / ㄱ、ㄷ、ㅂ / で発音され、その後に「ㄱ、ㄷ、ㅂ、ㅅ、ㅈ」で始まる文字が続く場合、後続の「ㄱ、ㄷ、ㅂ、ㅅ、ㅈ」を濃音 / ㄲ、ㄸ、ㅃ、ㅆ、ㅉ / で発音する。次の例では、「못」が / 몯 / となり、次の文字の最初の「ㄱ」が濃音化し、/ 몯까 / と発音される。

● 못 가 [몯 까]　　　　　● 맞고 [맏꼬]　　　　　● 잊고 [읻꼬]

次の例では、パッチム「ㄹ」の後で「ㄱ」が濃音 / ㄲ / と発音される。

● 좋아할 거예요 [조아할 꺼예요]　　　　● 갈 거예요 [갈 꺼예요]

①

가	−어 −아 봤어요? −여

나 −어
−아 봤어요. / 아니요. 못 −어
−여 ··· −아 봤어요.
−여 ··· −여

다음 보기 **와 같이 주어진 표현을 사용하여 대화를 완성하세요.**
次の例のように、与えられた表現を使って会話を完成させましょう。

보기

가 설악산에 가 봤어요? (설악산에 가다)

나 네, 가 봤어요. / 아니요, 못 가 봤어요.

(1) 가 _____? (KTX를 타다)

　　나 네. _____. / 아니요. _____.

(2) 가 _____? (불고기를 먹다)

　　나 네. _____. / 아니요. _____.

(3) 가 _____? (한복을 입다)

　　나 네. _____. / 아니요. _____.

(4) 가 _____? (한국에서 여행을 하다)

　　나 네. _____. / 아니요. _____.

▶ KTX 韓国高速鉄道(Korea Train Expressの略)

文型45

−어/아/여 봤어요(〜てみま
した)は、−어/아/여 보다(〜
てみる)(文型38)の過去形
で、「〜たことがある」という
過去の経験を表す。経験がな
いことを表す場合は、못−(〜
できない)を前に付ける。

例 가 : 제주도에 가 봤어요?
　　(済州島に行ったことがあ
　　りますか。)
　나 : 아니요, 못 가 봤어요.
　　(いいえ、行ったことがあ
　　りません。)

②

−려고 −으려고 해요.

다음 보기 **와 같이 주어진 표현을 사용하여 대화를 완성하세요.**
次の例のように、与えられた表現を使って会話を完成させましょう。

보기

주말에 집에서 쉬려고 해요. (주말에 집에서 쉬다)

방학에 책을 좀 읽으려고 해요. (방학에 책을 좀 읽다)

(1) 부모님 선물을 _____. (부모님 선물을 사다)

(2) 여름에 _____. (여름에 여행 가다)

(3) _____. (저녁에 삼계탕을 먹다)

(4) _____. (주말에 집에 있다)

文型46

−(으)려고(〜ようと)は、動詞
の語幹に付いて、話し手の意志
や計画などを表す。語幹末にパ
ッチムがある場合は−으려고、
パッチムがない場合は−려고に
なる。

例 책을 읽으려고 해요.
　　(本を読もうと思います。)
　집에서 쉬려고 해요.
　　(家で休もうと思います。)

3

> 가　−어
　　−아　도 돼요?
　　−여
>
> 나　그럼요. / 네.　−세요
　　　　　　　　　−으세요.

다음 [보기] 와 같이 주어진 표현을 사용하여 대화를 완성하세요.

次の例のように、与えられた表現を使って会話を完成させましょう。

> [보기]
>
> 가 들어가도 돼요? (들어가다)
>
> 나 그럼요. 들어가도 돼요. / 네, 들어가세요.

(1) 가 여기에서 _____? (여기에서 사진을 찍다)

　　나 그럼요. _____. / 네. _____ ____.

(2) 가 이 운동화를 _____? (이 운동화를 신어 보다)

　　나 그럼요. _____. / 네. _____.

(3) 가 _____? (이 치마를 입어 보다)

　　나 그럼요. _____. / 네. _____.

▶ 들어가다 入る

4

> −ㄹ
−을　거예요.

다음 [보기] 와 같이 주어진 표현을 사용하여 문장을 완성하세요.

次の例のように、与えられた表現を使って文章を完成させましょう。

> [보기]
>
> 내일 비가 올 거예요. (내일 비가 오다)
>
> 이 *티셔츠는 좀 작을 거예요.* (이 티셔츠는 좀 작다)

(1) 그 치마가 _____. (그 치마가 어울리다)

(2) 다음 달에 일본에서 _____. (다음 달에 일본에서 친구가 오다)

(3) _____. (그 영화가 재미있다)

(4) _____. (이 선물이 좋다)

▶ 비가 오다 雨が降る ｜ 어울리다 似合う ｜ 다음 달 来月

文型47

用言の語幹に−(어/아/여)도 되다を付けて、「～てもいい」という意味を表す。−(어/아/여)도 돼요?(~てもいいですか)という質問に対して答える際には、−세요(~てください)や그럼요.(もちろんです)などと言えばよい。

例　가 : 들어가도 돼요?
　　　入ってもいいですか。

　　나 : 그럼요. 들어오세요.
　　　もちろんです。お入りください。

文型48

−ㄹ/을 거예요(~でしょう)は主語が3人称の場合、話し手の推測を表す。

例　내일 비가 올 거예요.
　　（明日、雨が降るでしょう。）

　　김 선생님은 다음 주에 돌아오실 거예요.
　　（金先生は来週、帰って来られるでしょう。）

🔵 Track 107

가 여기서 [   ] -어 / -아도 돼요?
              -여

나 네. [   ] -어 / -아도 돼요.
            -여

/ 아니요. 미안하지만 안 돼요.

● 반 친구들과 아래 표지판을 보고 대화해 보세요. 下の標示を見て、クラスメートたちと会話してみましょう。

| 흡연 | 금연 | 음식을 먹다 | 음식을 먹지 마시오 |
| 喫煙 | 禁煙 | 食べ物を食べる | 食べ物を食べないでください |

| 주차 | 주차 금지 | 촬영 | 촬영 금지 |
| 駐車 | 駐車禁止 | 撮影 | 撮影禁止 |

Track 108

가 　　　　　 -어
　　　　　　 -아　봤어요?
　　　　　　 -여

나 아니요. 아직 못 　　　　 -어
　　　　　　　　　　　　 -아　봤어요.
　　　　　　　　　　　　 -여

가 저는 　　　　　　　　 에
　　　　　 -려고　해요.
　　　　　 -으려고

　　같이 　　　　　 -ㄹ 래요?
　　　　　　　　　　 -을

나 네. 좋아요.

● 반 친구에게 다음의 경험에 대해 물어보세요. 次の経験について、クラスメートにきいてみましょう。

번지점프를 하다
バンジージャンプをする

한강 유람선을 타다
漢江遊覧船に乗る

청와대에 가다
青瓦台に行く

삼겹살을 먹다
サムギョプサルを食べる

남이섬에 가다
南怡島に行く

| 이번 방학 | 주말 | 다음 주말 | 오늘 저녁 | 이번 여름 |

● 반 친구들에게 여러분의 방학 계획에 대해 이야기해 보세요.　Track 109
みなさんの長期休暇の計画についてクラスメートに話してみましょう。

안녕하세요, *나오키*예요.
저는 이번 방학에 친구하고 같이 여행을 하려고
해요. 여러분은 *제주도*에 가 봤어요? 저는 여행
책에서 *제주도* 사진을 많이 봤어요. 그렇지만
아직 못 가 봤어요. 그래서 이번 방학에 *제주도*
에 가려고 해요. *제주도*는 *한라산*이 아주 유명해
요. 이번에 꼭 *한라산*에 가고 싶어요. 식물원도
구경하고 바다에서 수영도 하려고 해요. 재미있
을 거예요. 그리고 맛있는 음식도 많이 먹어 보
고 싶어요.

〈방학 계획〉

▶ 한라산 漢拏山 ｜ 유명하다 有名だ ｜ 식물원 植物園 ｜ 바다 海

❶ 다음 *제인* 씨의 글을 읽고 질문에 맞는 답을 쓰세요. 次のジェーンさんの文章を読んで、質問に合う答えを書きましょう。

어제는 우리 반 친구들하고 선생님과 함께 김치 박물관에 가 봤어요. 김치 박물관은 코엑스에 있어요. 지하철을 타고 삼성역에서 내려서 걸어가면 돼요. 거기에서 김치 역사도 배우고 김치 만들기 비디오도 봤어요. 그리고 김치도 먹어 봤어요. 박물관 안에서는 사진을 찍어도 돼요. 저는 친구들하고 선생님과 함께 사진을 많이 찍었어요. 일본에 있는 친구에게 사진을 보내려고 해요.

(1) 위 글의 내용과 다른 것을 고르세요. 上の文章の内容と違うものを選びましょう。

　　㉮ 김치 박물관은 코엑스에 있어요.

　　㉯ 제인 씨는 부모님에게 사진을 보내려고 해요.

　　㉰ 김치 박물관은 삼성역에서 가까워요.

　　㉱ 김치 박물관에서는 사진을 찍어도 돼요.

(2) 김치 박물관에서 *제인* 씨가 하지 않은 것은 뭐예요? キムチ博物館でジェーンさんがしなかったことは何ですか。

　　㉮ 김치 역사를 배웠어요.

　　㉯ 김치 만들기 비디오를 봤어요.

　　㉰ 김치를 먹어 봤어요.

　　㉱ 김치를 만들어 봤어요.

(3) 김치 박물관에 어떻게 가요? キムチ博物館にはどうやって行きますか。

　　_____

▶ 걸어가다 歩いて行く ∣ 함께 一緒に ∣ 역사 歴史 ∣ 비디오 ビデオ

2 다음은 *히로 씨*의 글을 읽고, 질문에 답하세요. 次の廣さんの文章を読んで、質問に答えましょう。

지난 주말에는 일본에서 누나가 왔어요. 그래서 누나와 같이 인사동에 가 봤어요. 인사동에는 한국 전통 물건 가게들이 많았어요. 저는 거기에서 목걸이와 부채를 샀어요. 부모님께 선물하려고 해요. 그리고 인사동에는 전통 찻집, 음식점들도 많았어요. 우리는 전통차를 마시고 떡과 엿도 먹어 봤어요. 맛있었어요. 인사동을 구경하고 종로에 가서 영화도 봤어요. 서울에는 재미있는 곳이 많아요. 이번 주말에는 *N서울타워*와 *63빌딩*에도 가 보려고 해요.

(1) *히로 씨*는 지난 주말에 어디에 갔어요? 모두 고르세요. 廣さんは先週末にどこに行きましたか。すべて選びましょう。

 ㉮    ㉯   ㉰   ㉱

(2) 위 글의 내용과 맞는 것을 고르세요. 上の文章の内容と合うものを選びましょう。

㉮ *히로 씨*는 부모님께 목걸이와 부채를 선물했어요.

㉯ *히로 씨*는 한국 전통차를 샀어요.

㉰ *히로 씨*는 인사동에서 영화를 봤어요.

㉱ *히로 씨*는 *N서울타워*와 *63빌딩*에 가려고 해요.

3 여러분은 한국에서 어디에 가 봤어요? 거기에서 무엇을 했어요? 한국에서 가장 재미있었던 경험을 친구에게 편지로 써 보세요. みなさんは韓国でどこに行ったことがありますか。そこで何をしましたか。韓国での最もおもしろかった経験について、友だちに手紙を書いてみましょう。

씨

▶ 부채 扇子、うちわ | -께 -に(尊敬語) | 찻집 喫茶店 | 음식점 飲食店 | 떡 餠 | 엿 飴

1 다음 질문에 대한 맞는 대답을 고르세요. 次の質問に対する適当な答えを選びましょう。 Track 110

(1) ㉮ 네, 가도 돼요.　　　　㉯ 네, 가려고 해요.
　　㉰ 한번 가 보세요.　　　㉱ 아니요. 아직 못 가 봤어요.

(2) ㉮ 네, 가 봤어요.　　　　㉯ 네, 가도 돼요.
　　㉰ 아니요. 가려고 해요.　㉱ 아니요. 가면 돼요.

2 다음을 잘 듣고 알맞게 연결하세요. 音声をよく聞いて、合うようにつなぎましょう。 Track 111

(1) 나오미 •　• ①　　　• ㉮

(2) 나오키 •　• ②　　　• ㉯

(3) 제임스 •　• ③　　　• ㉰

3 다음을 잘 듣고 내용이 맞으면 ○, 틀리면 ✕ 표 하세요. Track 112
音声をよく聞いて、内容が合っていれば○、間違っていれば✕をしましょう。

(1) 극장 안에서 사진을 찍어도 돼요. 　(　　)
(2) 나오키 씨는 한국 전통차를 마셨어요. 　(　　)

付録

解答

ハングル

ハングルを書く練習

(1) ㉮　(2) ㉮　(3) ㉯　(4) ㉮　(5) ㉮

(6) ㉯　(7) ㉯　(8) ㉯　(9) ㉮　(10) ㉮

第01課

안녕하세요? 만나서 반가워요.
こんにちは。お会いできてうれしいです。

준비 準備

(2) ㉮

(3) ㉰

(4) ㉳

(5) ㉱

(6) ㉲

문형 연습 文型練習

1. (1) 예요
   (2) 이에요
   (3) 이에요
   (4) 예요
   (5) 예요

2. (1) 이에요
   (2) 예요
   (3) 이에요
   (4) 이에요
   (5) 예요

3. (1) 일본 사람이에요
   (2) 미국 사람이에요
   (3) 중국 사람이 아니에요
   (4) 일본 / 일본 사람이에요
   (5) 한국 / 한국 사람이 아니에요 / 일본

4. (1) 저는 학생이에요
   (2) 저는 가수예요
   (3) 저는 회사원이에요
   (4) 저는 의사예요
   (5) 저는 은행원이에요

과제 2 課題 2

- 읽기와 쓰기 読み書き

1. (1) 와타나베 요시야스예요.

(2) 일본 사람이에요.

(3) 회사원이에요.

과제 3 課題 3

- 듣기 聞く

1. ㉯

2. ㉯

3. ㉮

第02課

동생이 둘 있어요.
弟 / 妹が二人います。

준비 準備

(1) ㉮

(2) ㉲, ㉳, ㉯

(3) ㉶, ㉱

(4) ㉯, ㉲, ㉮

(5) ㉶, ㉳

문형 연습 文型練習

1. (1) 이 / 있어요
   (2) 이 / 없어요
   (3) 가 / 있어요
   (4) 이 / 없어요
   (5) 가 / 있어요

2. (1) 누나하고 형
   (2) 여동생하고 누나
   (3) 오빠하고 남동생
   (4) 부모님하고 여동생
   (5) 언니하고 남동생

3. (1) 은 / 에 있어요
   (2) 는 / 에 있어요
   (3) 은 / 에 계세요
   (4) 는 / 에 있어요
   (5) 은 / 에 있어요

4. (1) 동생은 없어요
   (2) 누나는 없어요
   (3) 오빠는 없어요
   (4) 남동생은 없어요

과제 2 課題 2

- 읽기와 쓰기 読み書き

1. (1) ㉣
   (2) *프랑스 파리*에 있어요.
   (3) *베이징*에 있어요.

과제 3 課題 3

- 듣기 聞く

1. (1) ㉤
   (2) ㉯
   (3) ㉮

2. (1) O
   (2) X

3. (1) 1
   (2) 1
   (3) *일본*
   (4) 6

第03課

기숙사가 어디에 있어요?

寮はどこにありますか。

준비 準備

(2) ㉮
(3) ㉨
(4) ㉷
(5) ㉽
(6) ㉯
(7) ㉵
(8) ㉣
(9) ㉣
(10) ㉮
(11) ㉭
(12) ㉾

문형 연습 文型練習

1. (1) *이태원*이에요
   (2) 대학로예요
   (3) 집이 어디예요 / 잠실이에요
   (4) 집이 어디예요 / 신촌이에요

2. (1) *진수 씨*
   (2) *왕핑 씨*는요
   (3) 선생님은요
   (4) *영미 씨*는요

3. (1) 저는 하숙집에 살아요
   (2) *마이클 씨*는 친척집에 살아요
   (3) 저는 *아파트*에 살아요

---

(4) *제임스 씨*는 친구 집에 살아요

4. (1) 식당이 어디에 있어요
   (2) 어학당이 어디에 있어요
   (3) 학교가 어디에 있어요
   (4) 화장실이 어디에 있어요

과제 2 課題 2

- 읽기와 쓰기 読み書き

1. (1) 기숙사에 살아요.
   (2) 식당하고 편의점이 있어요.
   (3) ㉯

과제 3 課題 3

- 듣기 聞く

1. ㉯
2. ㉮
3. ㉣
4. (1) X
   (2) O

第04課

생일이 언제예요?

誕生日はいつですか。

준비 準備

(2) ㉨
(3) ㉣
(4) ㉮
(5) ㉽
(6) ㉯
(7) ㉣
(8) ㉨
(9) ㉷

문형 연습 文型練習

1. (1) 이 / 시월 이십 이일이에요
   (2) 이 언제예요 / 오월 오일이에요
   (3) 휴일이 언제예요 / 팔월 십오일이에요
   (4) 회의가 언제예요 / 유월 이십삼일이에요

2. (1) 에 시간 있어요
   (2) 이번 주 토요일에 시간 있어요
   (3) 유월 칠일에 시간 있어요
   (4) 내일 시간 있어요

3. (1) 이 무슨 요일이에요 / 요일이에요
   (2) 모레가 무슨 요일이에요 / 수요일이에요
   (3) 시험이 무슨 요일이에요 / 목요일이에요
   (4) 크리스마스가 무슨 요일이에요 / 금요일이에요

4. (1) 영화를 볼까요
　　(2) 밥을 먹을까요 / 네. 좋아요
　　(3) *커피를 마실까요 / 네. 좋아요*
　　(4) *게임을 할까요 / 네. 좋아요*

과제 2 課題 2
- 읽기와 쓰기 読み書き
1. (1) 6, 4
　　(2) 목요일이에요.
　　(3) 6월 8일 금요일이에요.

과제 3 課題 3
- 듣기 聞く
1. (1) ㉹
　　(2) ㉯
　　(3) ㉮
　　(4) ㉰
2. (1) ㉡
　　(2) ㉰
3. (1) X
　　(2) O

第05課
취미가 뭐예요?
趣味は何ですか。

준비 準備
　　(2) ㉱
　　(3) ㉵
　　(4) ㉧
　　(5) ㉮
　　(6) ㉢
　　(7) ㉷
　　(8) ㉯
　　(9) ㉳

문형 연습 文型練習
1. (1) 를 좋아해요
　　(2) 음악을 좋아해요
　　(3) 취미가 뭐예요 / 운동을 좋아해요
　　(4) 취미가 뭐예요 / *게임을 좋아해요*
2. (1) 음식을
　　(2) 음악을
　　(3) 무슨 영화를 좋아해요
　　(4) 무슨 색을 좋아해요
　　(5) 무슨 노래를 좋아해요
3. (1) 음악 듣기예요

　　(2) 영화 보기예요
　　(3) 제 취미는 여행하기예요
　　(4) 제 취미는 우표 모으기예요
　　(5) 제 취미는 *피아노 치기예요*

4. (1) 날마다 책을 읽어요
　　(2) 방학마다 여행을 해요
　　(3) 일요일마다 요리를 해요
　　(4) 수요일마다 *태권도를 배워요*
　　(5) 주말마다 친구를 만나요

과제 2 課題 2
- 읽기와 쓰기 読み書き
1. (1) 운동하기예요.
　　(2) 주말마다 등산을 해요.
　　(3) 요즘 *태권도를 배워요.*

과제 3 課題 3
- 듣기 聞く
1. (1) ㉯
　　(2) ㉹
　　(3) ㉮
2. (1) ㉹
　　(2) ㉯
3. (1) O
　　(2) O

第06課
순두부하고 된장찌개 주세요.
スンドゥブとテンジャンチゲ下さい。

준비 準備
　　(2) ㉷
　　(3) ㉯
　　(4) ㉰
　　(5) ㉧
　　(6) ㉢
　　(7) ㉱
　　(8) ㉵
　　(9) ㉳

문형 연습 文型練習
1. (1) 김치 (좀)
　　(2) *비빔밥하고 냉면*
　　(3) 뭘 드릴까요 / 물 (좀)
　　(4) 뭘 드릴까요 / 순두부하고 *비빔냉면 주세요*
　　(5) 뭘 드릴까요 / 김치찌개하고 순두부 둘 주세요

2. (1) 불고기를
   (2) 물냉면을
   (3) 뭘 먹고 싶어요 / 순두부를 먹고 싶어요
   (4) 뭘 먹고 싶어요 / 된장찌개를 먹고 싶어요
   (5) 뭘 먹고 싶어요 / 삼계탕을 먹고 싶어요

3. (1) 누구를 만나 / 가수 '비'를 만나
   (2) 뭘 마시 / 물을 마시
   (3) 뭘 하고 싶어요 / 게임을 하고 싶어요
   (4) 언제 가고 싶어요 / 주말에 가고 싶어요

4. (1) 추운
   (2) 뜨거운
   (3) 아름다운
   (4) 더운

과제 2 課題 2

- 읽기와 쓰기 読み書き

1. (1) ㉣
   (2) 학교 앞 한식당에서 자주 밥을 먹어요.
   (3) 식당 옆 카페에서 시원한 *아이스 커피*를 마셔요.

과제 3 課題 3

- 듣기 聞く

1. (1) ㉣
   (2) ㉮
   (3) ㉯

2. (1) ㉣
   (2) ㉱

3. (1) O
   (2) X

第07課

집에서 쉬었어요.

家で休みました。

준비 準備

(2) ㉮
(3) ㉳
(4) ㉯
(5) ㉲
(6) ㉵
(7) ㉭
(8) ㉠
(9) ㉢

문형 연습 文型練習

1. (1) 목걸이와 귀걸이
   (2) 전자사전과 *MP3*

(3) 지갑과 넥타이
(4) 모자와 가방
(5) 화장품과 반지

2. (1) 부산에 갔어요
   (2) 공항에 갔어요
   (3) 어디에 갔어요 / 제주도에 갔어요
   (4) 어디에 갔어요 / 동물원에 갔어요

3. (1) 중국 / 친구가 왔어요
   (2) 학교 / 돌아왔어요
   (3) 서울역에서 출발했어요
   (4) 태국 여행에서 돌아왔어요

4. (1) 영화를 봤어요. 재미있었어요
   (2) 삼계탕을 먹었어요. 맛있었어요
   (3) 주말에 뭘 했어요 / 이사를 했어요. 힘들었어요

과제 2 課題 2

- 읽기와 쓰기 読み書き

1. (1) 용산전자상가에 갔어요.
   (2) ①-㉯, ②-㉮
   (3) ㉯

2. (1) ㉠
   (2) 경복궁과 남산을 구경했어요.
   (3) 한복과 한국 전통 인형을 샀어요.

과제 3 課題 3

- 듣기 聞く

1. (1) ㉯
   (2) ㉣
   (3) ㉮

2. (1) ㉯
   (2) ㉯

3. (1) 마트에 갔어요.
   (2) 라면과 과일을 샀어요.

第08課

백화점 정문 앞에서 세 시에 만나요.

デパート正面入口の前で3時に会いましょう。

준비 準備

(2) ㉱
(3) ㉲
(4) ㉳
(5) ㉭
(6) ㉣
(7) ㉮
(8) ㉯
(9) ㉠

문형 연습 文型練習

1. (1) 을 좋아하세요
   (2) 일본에 돌아가세요
   (3) 시간이 있으세요
   (4) 이번 여름에 휴가를 떠나세요

2. (1) 한국 영화를 볼래요 / 한국 영화를 봐요
   (2) 같이 경복궁에 갈래요 / 경복궁에 가요
   (3) 이번 주말에 같이 코엑스에 갈래요 / 코엑스에 가요

3. (1) 영화를 볼까요 / 코엑스, 영화를 봐요
   (2) 쇼핑할까요 / 동대문시장, 쇼핑해요
   (3) 어디서 밥을 먹을까요 / 일식당에서 (밥을) 먹어요
   (4) 어디서 커피를 마실까요 / 스타벅스에서 (커피를) 마셔요

4. (1) 세수하고 아침을 먹어요
   (2) 저녁을 먹고 차를 마셔요
   (3) 일이 끝나고 운동을 해요

과제 2 課題 2
- 읽기와 쓰기 読み書き

1. (1) ⑥, ①, ③, ②, ⑤, ⑧
   (2) ㉲

2. (1) ㉯
   (2) 민우 씨와 민우 씨 여자 친구와 맥주를 마셨어요.

과제 3 課題 3
- 듣기 聞く

1. (1) ㉯
   (2) ㉮
   (3) ㉲

2. ②, ⑤, ④, ①

3. (1) 점심
   (2) 12, 기숙사 앞
   (3) 같이 점심을 먹어요

第09課 ▨▨▨▨▨▨▨▨▨▨▨▨▨▨▨▨

2호선에서 3호선으로 갈아타야 해요.
2号線から3号線に乗り換えなければいけません。

준비 準備

(2) ㉮
(3) ㉲
(4) ㉱
(5) ㉯
(6) ㉺
(7) ㉳
(8) ㉴
(9) ㉰

문형 연습 文型練習

1. (1) 타야 해요
   (2) 먹어야 해요
   (3) 신분증을 준비해야 해요
   (4) 이름과 주소를 써야 해요
   (5) 책을 돌려줘야 해요

2. (1) 과자를 만들어서 친구에게
   (2) 마트에 가서 라면을
   (3) 자장면을 시켜서 먹었어요
   (4) 선물을 사서 보냈어요
   (5) 메모를 해서 책상 위에 놓았어요

3. (1) 가면 돼요
   (2) 놓으면 돼요
   (3) 신분증을 준비하면 돼요
   (4) 검정색 옷을 입으면 돼요

4. (1) 은 어떻게 가요 / 로 가면 돼요
   (2) 는 어떻게 가요 / 로 가면 돼요
   (3) 남산은 어떻게 가요 / 지하철로 가면 돼요

과제 2 課題 2
- 읽기와 쓰기 読み書き

1. (1) ㉮
   (2) ㉲
   (3) 충무로, 4호선, 4호선

2. (1) 내일 저녁에 마이클 씨 생일 파티가 있어요.
   (2) 2호선, 합정역, 6호선
   (3) ㉯

과제 3 課題 3
- 듣기 聞く

1. (1) ㉲
   (2) ㉯
   (3) ㉮

2. (1) O
   (2) X
   (3) X

3. (1) 식사를
   (2) 2, 신촌, 3

第10課 ▨▨▨▨▨▨▨▨▨▨▨▨▨▨▨▨

좀 큰 걸로 주세요.
少し大きいのを下さい。

준비 準備

(2) ㉯
(3) ㉱

(4) ㉑
(5) ㉔
(6) ㉕
(7) ㉘
(8) ㉙
(9) ㉓

문형 연습 文型練習

1. (1) 이 청바지 얼마예요 / 칠만 구천 원이에요
   (2) 이 운동화 얼마예요 / 육만 이천 원이에요
   (3) 이 양말 얼마예요 / 삼천 원이에요
   (4) 이 스웨터 얼마예요 / 오만 사천 원이에요

2. (1) 이 구두를 신어 보세요
   (2) 이 가방을 메 보세요
   (3) 이 스카프를 해 보세요
   (4) 이 치마를 입어 보세요

3. (1) 짧은 치마
   (2) 편한 구두
   (3) 멋있는 넥타이
   (4) 많이 입는 티셔츠
   (5) 유행하는 코트

4. (1) 이 반바지로 주세요
   (2) 큰 것으로 주세요
   (3) 한 치수 작은 것으로 주세요
   (4) 흰색으로 주세요
   (5) 그 노란색 티셔츠로 주세요

과제 2 課題 2
- 읽기와 쓰기 読み書き

1. (1) ㉕
   (2) ㉔

2. (1) ㉑, ㉓
   (2) ㉕

과제 3 課題 3
- 듣기 聞く

1. 청바지 – 94,000원
   티셔츠 – 17,000원
   스웨터 – 36,000원

2. (1) ㉔
   (2) ㉑

3. (1) ㉕
   (2) ㉔

第11課

영희 씨 계세요?

ヨンヒさんいらっしゃいますか。

준비 準備

(2) ㉕
(3) ㉔
(4) ㉕
(5) ㉕
(6) ㉓

문형 연습 文型練習

1. (1) 계세요
   (2) 있어요
   (3) 여보세요 / 히로 씨 있어요(계세요)
   (4) 여보세요 / 이 대리님 계세요

2. (1) 정수 씨 있어요(계세요)
   (2) 사토 있어요
   (3) 이 선생님 계세요 / 네 (바로) 전데요
   (4) 민수 있어요 / 네 (바로) 전데요

3. (1) 수정인데요
   (2) 제임스인데요
   (3) 누구세요 / 저 김 대리인데요
   (4) 누구세요 / 저 진호인데요
   (5) 누구세요 / 저 사토인데요

4. (1) 일 때문에
   (2) 모기 때문에
   (3) 여자 친구 때문에 한국어를 배워요
   (4) 친구 때문에 화가 났어요

과제 2 課題 2
- 읽기와 쓰기 読み書き

1. (1) 마이클 씨가 미영 씨에게 전화했어요.
   (2) ㉓
   (3) ㉑

2. (1) ㉓
   (2) ㉔
   (3) ㉓

과제 3 課題 3
- 듣기 聞く

1. (1) ㉔
   (2) ㉑
   (3) ㉑

2. (1) O
   (2) X

3. (1) 영화를 보
   (2) 1, 서울, 앞

제주도에 가 봤어요?

済州島に行ったことがありますか。

준비 準備

(2) ㉺
(3) ㉮
(4) ㉰
(5) ㉤
(6) ㉲
(7) ㉳
(8) ㉱
(9) ㉼

문형 연습 文型練習

1. (1) *KTX*를 타 봤어요 / 타 봤어요 / 못 타 봤어요
   (2) 불고기를 먹어 봤어요 / 먹어 봤어요 / 못 먹어 봤어요
   (3) 한복을 입어 봤어요 / 입어 봤어요 / 못 입어 봤어요
   (4) 한국에서 여행을 해 봤어요 / 해 봤어요 / 못 해 봤어요

2. (1) 사려고 해요
   (2) 여행가려고 해요
   (3) 저녁에 삼계탕을 먹으려고 해요
   (4) 주말에 집에 있으려고 해요

3. (1) 사진을 찍어도 돼요 / 찍어도 돼요 / 찍으세요
   (2) 신어 봐도 돼요 / 신어 봐도 돼요 / 신어 보세요
   (3) 이 치마를 입어 봐도 돼요 / 입어 봐도 돼요 / 입어 보세요

4. (1) 어울릴 거예요
   (2) 친구가 올 거예요
   (3) 그 영화가 재미있을 거예요
   (4) 이 선물이 좋을 거예요

과제 2 課題 2
- 읽기와 쓰기 読み書き

1. (1) ㉯
   (2) ㉰
   (3) 지하철을 타고 삼성역에서 내려서 걸어 가요.

2. (1) ㉮, ㉯
   (2) ㉰

과제 3 課題 3
- 듣기 聞く

1. (1) ㉰
   (2) ㉯

2. (1) ②, ㉺
   (2) ①, ㉯
   (3) ③, ㉮

3. (1) X
   (2) O

聞き取り台本

第01課

안녕하세요? 만나서 반가워요.
こんにちは。お会いできてうれしいです。

회화 연습 1 会話練習 1

가: 안녕하세요?
나: 네, 안녕하세요.
가: 저는 *히로*예요.
나: *일본* 사람이에요?
가: 네. *일본* 사람이에요.
나: 반가워요.

회화 연습 2 会話練習 2

가: 영희 씨, 학생이에요?
나: 네. 학생이에요. *히로* 씨도 학생이에요?
가: 아니요. 저는 회사원이에요.

과제 1 課題 1

- 말하기 話す

1. 보기
가: 이름이 뭐예요?
나: *제리 베이커*예요.
가: 어느 나라 사람이에요?
나: *미국* 사람이에요.
가: 직업이 뭐예요?
나: *기자*예요.

2. 보기
제 친구 이름은 *마이클*이에요.
마이클 씨는 *미국* 사람이에요.
마이클 씨는 영어 선생님이에요.

과제 3 課題 3

- 듣기 聞く

1. *마이클* 씨는 선생님이에요.

2. *아유미* 씨는 일본 사람이에요. *아유미* 씨는 회사원이에요.

3. 박미진 : 안녕하세요?
와타나베: 네, 안녕하세요? 저는 *와타나베*예요.
박미진 : 저는 박미진이에요. 만나서 반가워요.

第02課

동생이 둘 있어요.
弟/妹が二人います。

회화 연습 1 会話練習 1

가: 누나가 있어요?
나: 네. 누나가 하나 있어요.
가: 그럼, 형도 있어요?
나: 아니요. 없어요.

회화 연습 2 会話練習 2

가: 부모님이 계세요?
나: 네. 부모님이 *파리*에 계세요. 진수 씨도 부모님이 계세요?
가: 네. 부모님이 부산에 계세요. 형하고 여동생도 부산에 있어요.

과제 1 課題 1

- 말하기 話す

1. 보기
왕찡: 부모님이 어디 계세요?
존 : 부모님은 뉴욕에 계세요.
왕찡: 형이 있어요?
존 : 네. 형이 하나 있어요. 형도 뉴욕에 있어요.
왕찡: 그럼, 동생도 있어요?
존 : 네. 여동생이 *파리*에 있어요. *왕찡* 씨는요?
왕찡: 저는 오빠하고 언니가 하나 있어요. *베이징*에 있어요.

2. 보기
저는 남동생이 하나, 여동생이 하나 있어요. 남동생하고 여동생은 *베이징*에 있어요. 학생이에요. 부모님도 *베이징*에 계세요. 어머니는 선생님이에요. 아버지도 선생님이에요.

과제 3 課題 3

- 듣기 聞く

1. (1) *현우*: 저는 누나가 셋 있어요.
(2) *지영*: 저는 오빠하고 남동생이 있어요.
(3) 여자: 부모님이 계세요?
준호: 네. 부모님이 서울에 계세요.

2. 진수 : *나오미* 씨는 오빠가 있어요?
나오미: 네. 오빠가 하나 있어요.
진수 : 오빠가 서울에 있어요?
나오미: 아니요. 오빠는 *베이징*에 있어요.

3. 저는 형하고 누나가 한 명 있어요. 여동생도 있어요. 형하고 누나는 일본에 있어요. 여동생은 서울에 있어요. 부모님도 서울에 계세요.

第03課

기숙사가 어디에 있어요?

寮はどこにありますか。

회화 연습 1 会話練習 1

가: 집이 어디예요?
나: 신촌이에요. 히로 씨는요?
가: 저는 하숙집에 살아요.
나: 하숙집이 어디에 있어요?
가: 학교 근처에 있어요.

회화 연습 2 会話練習 2

가: 학교가 어디에 있어요?
나: 은행 옆에 있어요.
가: 학교에 서점이 있어요?
나: 네. 있어요.

과제 1 課題 1

- 말하기 話す

1. 보기
   학생 A: 극장이 어디에 있어요?
   학생 B: 회사 맞은편에 있어요.

과제 3 課題 3

- 듣기 聞く

1. 저는 서울에 살아요.

2. 여자: 기숙사가 어디에 있어요?
   남자: 어학당 왼쪽에 있어요.

3. 여자: 사무실에 컴퓨터가 있어요?
   남자: 네. 있어요.
   여자: 텔레비전도 있어요?
   남자: 아니요. 텔레비전은 없어요.

4. 저는 원룸에 살아요. 원룸은 이태원에 있어요. 원룸 앞에 편의점하고 은행이 있어요. 근처에 극장하고 백화점도 있어요.

第04課

생일이 언제예요?

誕生日はいつですか。

회화 연습 1 会話練習 1

가: 시험이 언제예요?
나: 4월 22일이에요.

가: 무슨 요일이에요?
나: 수요일이에요.

회화 연습 2 会話練習 2

가: 수정 씨, 내일 시간 있어요?
나: 네. 괜찮아요.
가: 그럼, 같이 영화를 볼까요?
나: 네. 좋아요.

과제 1 課題 1

- 말하기 話す

1. 보기
   가: 생일이 언제예요?
   나: 3월 6일이에요.
   가: 무슨 요일이에요?
   나: 목요일이에요.
   가: 그날 같이 저녁을 먹을까요?
   나: 네. 좋아요.

과제 3 課題 3

- 듣기 聞く

1. (1) 여자: 시험이 무슨 요일이에요?
       남자: 금요일이에요.
   (2) 여자: 어린이날이 언제예요?
       남자: 5월 5일이에요.
   (3) 여자: 생일이 언제예요?
       남자: 2월 25일이에요.
   (4) 여자: 크리스마스가 무슨 요일이에요?
       남자: 일요일이에요.

2. (1) 7월 10일에 시간 있어요?
   (2) 내일이 무슨 요일이에요?

3. 마이클: 미영 씨, 내일 시간 있어요?
   미영   : 내일은 시험이에요.
   마이클: 그럼, 모레 시간 있어요?
   미영   : 네. 모레는 괜찮아요.
   마이클: 그럼, 그날 같이 밥을 먹을까요?
   미영   : 네. 좋아요.

第05課

취미가 뭐예요?

趣味は何ですか。

회화 연습 1 会話練習 1

가: 존 씨는 취미가 뭐예요?
나: 저는 여행을 좋아해요. 왕핑 씨는 취미가 뭐예요?
가: 제 취미는 음악 듣기예요.

회화 연습 2 会話練習 2

가: 진수 씨는 무슨 운동을 좋아해요?
나: 저는 축구를 좋아해요. *제인* 씨는 무슨 운동을 좋아해요?
가: 저는 수영을 좋아해요.

과제 1 課題 1

- 말하기 話す

1. 보기
   가: 취미가 뭐예요?
   나: 제 취미는 등산하기예요.
   가: 저도 등산을 좋아해요. 자주 등산을 해요?
   나: 주말마다 등산을 해요.
   가: 그럼, 이번 주말에 같이 등산할까요?
   나: 네. 좋아요.

2. 안녕하세요. 저는 *나오미*예요. 저는 음악을 좋아해요.
   제 취미는 음악 듣기와 *피아노* 치기예요.
   저는 *한국* 노래하고 일본 노래를 좋아해요.
   날마다 음악을 들어요. 학교에는 *피아노*가 있어요.
   금요일마다 *피아노*를 쳐요.

과제 3 課題 3

- 듣기 聞く

1. (1) 여자: *지훈* 씨, 취미가 뭐예요?
       지훈: 제 취미는 요리하기예요.
   (2) 남자: *미순* 씨, 취미가 뭐예요?
       미순: 저는 영화를 좋아해요.
   (3) 남자: *재영* 씨, 무슨 운동을 좋아해요?
       재영: 저는 *테니스*를 좋아해요.

2. 미영   : *와타나베* 씨는 취미가 뭐예요?
   와타나베 : 저는 여행을 좋아해요.
   미영   : 자주 여행을 해요?
   와타나베 : 방학마다 여행을 해요.

3. *마이클*: 미영 씨, 취미가 뭐예요?
   미영   : 제 취미는 등산이에요. *마이클* 씨는요?
   마이클 : 저도 등산을 좋아해요.
   미영   : 그럼 주말에 같이 등산을 할까요?
   마이클 : 네. 좋아요.

第06課

순두부하고 된장찌개 주세요.

스ンドゥブとテンジャンチゲ下さい。

회화 연습 1 会話練習 1

종업원: 뭘 드릴까요?
가   : *나오키* 씨, 뭘 먹고 싶어요?
나   : 저는 매운 음식을 좋아해요. *김치찌개*를 먹고 싶어요.
가   : 그럼, *김치찌개*하고 냉면 주세요.

회화 연습 2 会話練習 2

가: *히로* 씨는 무슨 음식을 좋아해요?
나: 저는 *이태리* 음식을 좋아해요.
가: 무슨 *이태리* 음식을 먹고 싶어요?
나: *피자*를 먹고 싶어요.
가: 그럼 *이태리* 식당에 갈까요?

과제 1 課題 1

- 말하기 話す

1. 보기
   종업원: 뭘 드릴까요?
   가   : 수정 씨는 뭘 좋아해요?
   나   : 저는 *자장면*을 먹고 싶어요. *나오키* 씨는요?
   가   : 저는 짬뽕을 먹고 싶어요.
   나   : 그럼 *자장면* 하나, 짬뽕 하나 주세요.
   종업원: 음료수는요?
   가   : 저는 *콜라*요.
   나   : 저도요.

2. 보기
   가: 미영 씨는 주말에 무엇을 하고 싶어요?
   나: 저는 영화를 보고 싶어요.
   가: 무슨 영화를 보고 싶어요?
   나: '쿵푸 팬더'를 보고 싶어요. *나오키* 씨는요?
   가: 저는 쇼핑을 하고 싶어요.
   나: 무엇을 사고 싶어요?
   가: 옷을 사고 싶어요.

과제 3 課題 3

- 듣기 聞く

1. (1) 종업원: 뭘 드릴까요?
       손님 : *비빔밥* 둘 주세요.
   (2) 여자: 뭘 먹고 싶어요?
       남자: 저는 *불고기*를 먹고 싶어요.
   (3) 여자: 뭘 먹을까요?
       남자: 냉면을 먹을까요?

2. 종업원: 뭘 드릴까요?
   남자 : 영미 씨는 무엇을 마시고 싶어요?
   여자 : 저는 *커피*를 마시고 싶어요.
   남자 : 그럼 *커피*하고 주스 주세요.

3. 저는 *한국* 음식을 좋아해요. 매운 비빔밥하고 시원한 냉면을 좋아해요. 더운 날씨에 시원한 냉면을 자주 먹어요.
   냉면은 정말 맛있어요. 오늘도 냉면을 먹고 싶어요.

第07課

집에서 쉬었어요.
家で休みました。

회화 연습 1 会話練習 1
가: 히로 씨, 주말에 뭘 했어요?
나: 저는 동대문시장에 갔어요. 영희 씨는 뭘 했어요?
가: 저는 영화를 봤어요. 재미있었어요.

회화 연습 2 会話練習 2
가: 영희 씨, 주말에 뭘 했어요?
나: 주말에 백화점에 갔어요.
가: 백화점에서 뭘 샀어요?
나: 옷과 신발을 샀어요.

과제 1 課題 1
- 말하기 話す
1. 보기
가: 히로 씨, 주말에 뭘 했어요?
나: 코엑스에서 영화를 봤어요.
가: 무슨 영화를 봤어요?
나: '놈놈놈'을 봤어요.
가: 재미있었어요?
나: 아주 재미있었어요.

과제 3 課題 3
- 듣기 聞く
1. (1) 남자: 수정 씨, 어제 뭘 했어요?
수정: 친구하고 영화를 봤어요.
(2) 여자: 히로 씨, 주말에 뭘 했어요?
히로: 저는 쇼핑을 했어요.
(3) 남자: 지영 씨는 어제 수업 후에 뭘 했어요?
지영: 친구하고 식사를 했어요.

2. 남자: 왕핑 씨, 주말에 뭘 했어요?
왕핑: 주말에 중국에서 언니가 왔어요. 같이 시내 구경을
했어요.
남자: 어디에 갔어요?
왕핑: 경복궁하고 동대문시장에 갔어요.
동대문시장에서 옷과 가방을 샀어요.

3. 저는 어제 마트에 갔어요. 라면을 사고 싶었어요. 마트는 아
주 컸어요. 라면이 아주 쌌어요. 그리고 과일도 쌌어요. 그
래서 저는 라면과 과일을 샀어요. 과일이 아주 맛있었어요.

第08課

백화점 정문 앞에서 세 시에 만나요.
デパート正面入口の前で3時に会いましょう。

회화 연습 1 会話練習 1
가: 히로 씨, 아침에 뭐해요?
나: 저는 세수를 하고 운동을 해요. 그리고 아침을 먹어요.
영희 씨는 어때요?
가: 저는 세수하고 아침을 먹어요. 그리고 신문을 봐요.

회화 연습 2 会話練習 2
가: 이번 주말에 같이 N서울타워에 갈래요?
나: 좋아요. 저도 한번 가고 싶었어요. 어디서 만날까요?
가: 학교 정문 앞에서 만나요.
나: 네. 좋아요.

과제 1 課題 1
- 말하기 話す
보기
가: 이번 주말에 같이 인사동에 갈까요?
나: 좋아요. 어디서 만날까요?
가: 도서관 앞에서 저녁 6시에 만나요.
나: 인사동 구경을 하고 전통차도 마셔요.

과제 3 課題 3
- 듣기 聞く
1. (1) 여자: 어디에 가세요?
히로: 백화점에 가요.
(2) 여자: 무엇을 드세요?
히로: 김치찌개를 먹어요.
(3) 여자: 무슨 운동을 좋아하세요?
히로: 저는 테니스를 좋아해요.

2. 저는 날마다 아침에 운동을 해요. 샤워를 하고 아침을 먹어요.
그리고 옷을 입고 신문을 보고 학교에 가요.

3. 마이클: 미영 씨, 토요일 점심에 시간 있어요?
미영 : 네. 괜찮아요.
마이클: 그럼 같이 영화 볼래요?
미영 : 좋아요. 어디서 만날까요?
마이클: 12시에 기숙사 앞에서 만나요.
미영 : 네. 좋아요. 영화를 보고 같이 점심도 먹어요.

第09課

2호선에서 3호선으로 갈아타야 해요.
2号線から3号線に乗り換えなければいけません。

회화 연습 1 会話練習 1
가: 여기서 롯데월드는 어떻게 가요?

나: 직접 가는 *버스*가 없어요. 저쪽에서 지하철을 타야 해요.

가: 어디에서 내려야 돼요?

나: 2호선 *잠실역*에서 내려서 4번 출구로 나가면 돼요.

회화 연습 2 会話練習 2

가: 여기서 인사동은 어떻게 가요?

나: 인사동은 안국역에서 가까워요.
1호선을 타고 종로*3가역*에서 3호선으로 갈아타면 돼요.

가: 시간이 얼마나 걸려요?

나: 지하철로 25분쯤 걸려요.

과제 1 課題 1

- 말하기 話す

보기

가: 신촌에서 고속터미널까지 어떻게 가요?

나: 신촌역에서 2호선을 타고 을지로*3가역*에서 3호선으로 갈아타야 해요. 그리고 고속터미널역에서 내리면 돼요.

가: 고속터미널까지 시간이 얼마나 걸려요?

나: 35분쯤 걸려요.

과제 3 課題 3

- 듣기 聞く

1. (1) 여자: 여기서 인사동은 어떻게 가요?
남자: *버스*를 타면 돼요.

(2) 여자: 명동에 가고 싶어요. 어떻게 가요?
남자: 직접 가는 *버스*가 없어요. 지하철을 타야 해요.

(3) 여자: 여기서 코엑스는 어떻게 가요?
남자: 교통이 불편해요. 택시를 타세요.

2. 남자: 잠실에서 *인천공항*까지 어떻게 가요?
여자: 공항까지 직접 가는 공항 *버스*가 있어요.
남자: 어디에서 타야 해요?
여자: 잠실역 5번 출구 앞에서 타면 돼요.
남자: 시간이 얼마나 걸려요?
여자: 1시간 반쯤 걸려요.

3. 제임스 씨, 저 제인이에요. 오늘 저녁 6시에 우리 집에 오세요. 와서 같이 저녁 식사를 해요. 우리 반 친구들도 다 와요. 우리 집은 *신촌*에 있어요. 지하철 2호선을 타고 신촌역에서 내려서 3번 출구로 나오면 돼요. 거기서 전화하세요. 그럼 저녁에 봐요.

第10課

좀 큰 걸로 주세요.

少し大きいのを下さい。

회화 연습 1 会話練習 1

손님: 청바지 얼마예요?

점원: 98,000원(구만팔천 원)이에요.

손님: 원피스는 얼마예요?

점원: 152,000원(십오만이천 원)이에요.

회화 연습 2 会話練習 2

점원: 이 원피스 한번 입어 보세요.
(잠시 후)

점원: 어때요?

손님: 미안하지만 좀 긴 걸로 주세요.

점원: 네. 잠깐만요.

과제 1 課題 1

- 말하기 話す

보기

가: 저는 한국에서 아버지 선물을 사고 싶어요. 뭐가 좋아요?

나: 아버지는 뭘 좋아하세요?

가: 넥타이를 좋아하세요.

나: 그래요? 그럼 백화점에 가 보세요.
백화점에는 멋있는 넥타이가 많이 있어요.

과제 3 課題 3

- 듣기 聞く

1. 손님: 이 *티셔츠* 얼마예요?
점원: 17,000원이요.
손님: 이 스웨터 얼마예요?
점원: 36,000원이요.
손님: 이 청바지 얼마예요?
점원: 94,000원이요.

2. (1) 점원: 이 가방은 어떠세요?
손님: 미안하지만, 좀 작은 걸로 주세요.
(2) 점원: 이 *티셔츠*는 어떠세요?
손님: 미안하지만, 좀 밝은 색으로 주세요.

3. 손님: 요즘 유행하는 구두가 뭐예요?
점원: 요즘 굽이 낮은 검정색 구두가 유행이에요.
이거 한번 신어 보세요.
(잠시 후)
점원: 어떠세요?
손님: 조금 작아요. 미안하지만 좀 큰 거 없어요?
그리고 저는 밝은 색을 좋아해요. 노란색으로 주세요.
점원: 네. 잠깐만 기다리세요.

第11課

영희 씨 계세요?

ヨンヒさんいらっしゃいますか。

회화 연습 1 会話練習 1

가: 여보세요.

나: 영희 씨세요? 저 히로인데요.

가: 네, 히로 씨, 무슨 일이에요?

나: 내일 약속 때문에 전화했어요.
약속 시간을 바꾸고 싶어요.

회화 연습 2 会話練習 2

가: 여보세요.
나: 저 민수 씨 계세요?
가: 몇 번에 거셨어요?
나: 거기 2123-1524아니에요?
가: 잘못 거셨어요.
나: 죄송합니다.

과제 1 課題 1

- 말하기 話す

보기

가: 여보세요.
나: 영희 씨? 저 제임스인데요.
가: 네, 안녕하세요?
나: 영희 씨, 내일 시간 있어요? 같이 롯데월드에 가고
   싶어요.
가: 네, 좋아요.

과제 3 課題 3

- 듣기 聞く

1. (1) 미영: 여보세요.
      남자: 저, 미영 씨 있어요?
   (2) 여자: 여보세요.
      남자: 저 히로 씨 친구인데요. 히로 씨 좀 바꿔 주세요.
   (3) 여자: 여보세요.
      남자: 거기 940-2549 아니에요?

2. 수정 : 여보세요.
   제임스: 저, 수정 씨 계세요?
   수정 : 네, 전데요. 누구세요?
   제임스: 저 제임스인데요. 수정 씨, 주말 약속 때문에 전화
          했어요.
   수정 : 무슨 일이 있어요?
   제임스: 약속 장소를 종로로 바꾸고 싶어요.

3. 미란: 여보세요.
   영수: 미란 씨세요? 저 영수예요.
   미란: 영수 씨, 안녕하세요? 무슨 일이에요?
   영수: 내일 시간 있어요? 같이 영화를 보고 싶어요.
   미란: 네, 좋아요. 어디에서 만날까요?
   영수: 1시에 서울극장 앞에서 만나요.

第12課

제주도에 가 봤어요?

済州島に行ったことがありますか。

회화 연습 1 会話練習 1

가: 여기서 담배를 피워도 돼요?
나: 아니요. 미안하지만 안 돼요.

회화 연습 2 会話練習 2

가: 번지점프 해 봤어요?
나: 아니요. 아직 못 해 봤어요.
가: 저는 이번 방학에 번지점프를 하려고 해요. 같이 할래요?
나: 네. 좋아요.

과제 1 課題 1

- 말하기 話す

안녕하세요. 나오키예요. 저는 이번 방학에 친구하고 같이
여행을 하려고 해요. 여러분은 제주도에 가 봤어요? 저는
여행 책에서 제주도 사진을 많이 봤어요. 그렇지만 아직
못 가 봤어요. 그래서 이번 방학에 제주도에 가려고 해요.
제주도는 한라산이 아주 유명해요. 이번에 꼭 한라산에 가
고 싶어요. 식물원도 구경하고 바다에서 수영도 하려고 해요.
재미있을 거예요. 그리고 맛있는 음식도 많이 먹어 보고
싶어요.

과제 3 課題 3

- 듣기 聞く

1. (1) 제주도에 가 봤어요?
   (2) 같이 가도 돼요?

2. 선생님: 나오미 씨는 한국에서 어디를 여행해 봤어요?
   나오미: 저는 부산에 가 봤어요. 거기에서 생선회도 먹어
          봤어요.
   선생님: 나오키 씨는요?
   나오키: 저는 지난주에 제주도에 가 봤어요.
          한라산에도 가 보고 바다에서 수영도 했어요.
   선생님: 네. 제주도는 한라산하고 바다가 아주 유명해요.
          제임스 씨는 어디에 가 봤어요?
   제임스: 저는 경주에 가 봤어요. 거기에서 한국 전통 물건들
          을 샀어요. 부모님께 선물하려고 해요.

3. 나오키: 제인 씨, 지난 주말에 뭐 했어요?
   제인 : 친구하고 같이 난타 공연을 봤어요.
          아주 재미있었어요. 그리고 거기에서 사진도 찍었어요.
   나오키: 사진을 찍어도 돼요?
   제인 : 극장 밖에서는 사진을 찍어도 돼요.
          나오키 씨는 주말에 뭐 했어요?
   나오키: 저는 인사동에 갔어요. 인사동을 구경하고 한국
          전통차도 마셔 봤어요.

重要文型翻訳

文型1

'-이다'는 명사와 결합하여 주어와 술어가 같다는 것을 의미한다. '-이에요'나 '-예요'는 비격식체 종결어미이다.

예 저는 학생이에요.

위 문장은 '저(私)'와 '학생(学生)'은 같다는 것을 나타낸다. 앞에 있는 명사 어말의 받침 유무에 따라 받침이 있을 때는 '-이에요'를 붙이고 받침이 없을 때는 '-예요'를 붙인다. 여기서는 이름을 소개할 때 쓰였다.

예 저는 야마다 히로시예요.

文型2

'저'는 1인칭 낮춤말로 일본어의 '私(わたくし)'에 해당한다. '-은/는'은 일본어의 '-は'처럼 주제를 나타내는 보조사이며, 앞 에 있는 명사 어말에 받침이 있으면 '-은', 받침이 없을 때는 '-는'과 결합한다. 여기서는 이름이나 신분(직업)을 나타내는 보이 '-이다'와 함께 쓰였다.

예 저는 회사원이에요. 제 동생은 학생이에요.

文型3

'-이다'를 사용한 의문문에서도 文型1 에서 설명한 것과 마찬가지로 앞에 있는 명사 어말의 받침 유무에 따라 '-이에요?'와 '-예요?'를 구분하여 사용하며 끝을 올려 발음한다. 대답할 때는 '네. -이에요/-예요' 또는 '아니요. -이/가 아니에요'가 된다.

文型4

'-도'는 주어나 목적어 명사에 붙어서 '또, 역시' 등의 뜻을 나타낸다. 여기서는 앞 문장에서 질문한 내용을 다시 질문하는 상황에서 주격조사 '-이/가' 혹은 주제를 나타내는 보조사 '-은/는'을 대신하여 쓰였다.

예 가: 저는 학생이에요.
　　존 씨도 학생이에요?
　나: 네, 저도 학생이에요.

文型5

'-이/가'는 주격조사이며 앞에 명사 어말의 받침 유무에 따라 달리 결합한다. 받침이 있을 때는 '-이', 받침이 없을 때는 '-가'와 결합한다.

예 1) 교과서가 있어요.
　 2) 책상이 있어요.

'있다'에는 1)사물이나 사람의 존재를 나타내는 'ある・いる', 2)소유를 나타내는 '持つ(ある・いる)', 3)'머무르다'라는 뜻을 나타내는 '留まる' 등의 의미가 있다.

예 1) 책상이 있어요.

　2) 친구가 있어요.
　3) 신라호텔에 있어요.

文型6

'-하고'는 일본어의 '-と'와 같이 두 개의 명사를 연결하는 역할을 하며, 앞에 있는 명사 어말의 받침 유무에 상관없이 사용할 수 있다. 또 구어체에서 많이 쓰인다.

예 교과서하고 사전
　 사전하고 교과서

文型7

① '-에'는 일본어의 '-に'와 같이 장소를 나타내는 명사와 함께 쓰인다. 뒤에는 '있다(ある・いる)', '살다(住む)' 등과 같은 상태를 나타내는 용언이 오는 경우가 많다.

② '계세요(いらっしゃいます)'는 '있어요(います)'의 존댓말이다. 윗사람을 높일 때는 '있어요'를 쓰지 않고 '계세요'를 쓴다.

③ '-은/는'은 주제를 나타내는 보조사이다.

文型8

여기서 '-은/는(-は)'은 '대비・강조'의 뜻을 나타낸다. 앞 질문에서 "형도 있어요?(お兄さんもいますか)"라고 했기 때문에 대답에서 "형은 없어요.(兄はいません)"라고 '대비・강조'의 뜻을 담아 대답한 것이다.

➡ 文型2 '-은/는'

文型9

"집이 어디예요?(家はどこですか)"는 "집이 어디에 있어요?(家はどこにありますか)"와 같은 의미다. 단, 여기서 '집'은 '상대방의 집'을 의미한다.

文型10

'-은/는요?'라는 표현은 앞에서 나온 문장을 반복하지 않고 간단하게 질문할 경우 사용한다. 즉, "저는 기숙사에 살아요. 제임스 씨는 어디에 살아요?(私は寮に住んでいます。ジェームスさんはどこに住んでいますか)"라는 표현을 "저는 기숙사에 살아요. 제임스 씨는요?(私は寮に住んでいます。ジェームスさんは?)"라고 간단히 질문할 수 있다.

文型11

'-은/는'은 일본어의 '-は'와 같이 주제를 나타내는 보조사이다. '-에'는 일본어의 '-に'와 같이 장소를 나타내는 명사와 함께 사용되며 뒤에는 '있다(ある・いる)'나 '살다(住む)'등과 같은

상태를 나타내는 용언이 오는 경우가 많다. (➡ _{文型2}, _{文型7})

예 서울에 살아요. 학교에 있어요.

文型12

'명사+이/가 어디에 있어요?(〜はどこにありますか)'는 '명사+이/가 어디예요?(〜はどこですか)'와 같은 의미의 문장이다.

文型13

'명사+이/가 언제예요?(〜はいつですか)'는 날짜나 시간 등을 물어볼 때 쓴다.

예 생일이 언제예요?

文型14

'-에(-に)'는 시간을 나타내는 명사에 붙어서 특정한 때를 나타낸다. 단, '어제, 오늘, 내일, 모레'에는 '-에'를 붙이지 않는다.

예 오늘에(×), 내일에(×)

또한, '시간(이) 있어요?(時間(が)ありますか)' 등의 조사 '-이/가(-が)'는 구어체에서는 주로 생략한다.

예 주말에 시간 있어요?

文型15

'-이/가 무슨 요일이에요?'는 요일을 물을 때 사용하는 문장이다.

예 오늘이 무슨 요일이에요?

文型16

주어가 '우리(私たち)'인 경우 '-ㄹ/을까요?'는 '〜ましょうか'라는 뜻으로 권유를 나타낸다. 그에 대한 대답으로는 '-ㅂ/읍시다(〜ましょう)'도 사용하지만 '좋아요(いいですよ)'나 '그럽시다(そうしましょう)' 등이 자연스럽다. 어간의 어미에 받침이 있을 때는 '-을까요?', 받침이 없을 때는 '-ㄹ까요?'와 결합한다.

예 저녁을 먹을까요?
   같이 갈까요?

文型17

'취미가 뭐예요?(趣味はなんですか)'라는 질문에 대해서는 '(취미와 관련된) 명사+을/를 좋아해요(〜がすきです)'라고 대답한다.

예 가: 취미가 뭐예요?
   나: 영화를 좋아해요.

文型18

'무슨'은 일본어의 '何の〜', '何〜'와 같이 불분명한 것에 대해 물어볼 때 쓴다.

예 이게 무슨 냄새예요?

'어떤'은 일본어의 'どんな'와 같이 사람이나 사물의 특성, 내용, 상태, 성격 등에 대해 물어볼 때 쓴다.

예 그 사람은 어떤 사람이에요?

文型19

'-기'는 명사형 어미로 동사나 형용사의 어간과 결합하여 명사형으로 만드는 어미이다. 명사형을 만들 때 목적격조사 '-을/를(-を)'을 생략하는 경우가 많다.

예 음악을 듣다 → 음악 듣기
   영화를 보다 → 영화 보기
   여행을 하다 → 여행하기
   우표를 모으다 → 우표 모으기
   피아노를 치다 → 피아노 치기

文型20

'-마다'는 '〜ごとに'라는 의미. 비격식체 종결어미 '-(아/어/여)요(-です)'는 어간 어미의 모음에 따라 다음과 같이 구분 사용된다.

① 어간 어미의 모음이 'ㅏ', 'ㅗ', 'ㅑ'인 경우('하' 제외): -아요

   예 가다 - 가요 (가 + 아 → 가)
      오다 - 와요 (오 + 아 → 와)
      얕다 - 얕아요 (얕 + 아 → 얕아)

② 어간 어미의 모음이 'ㅏ', 'ㅗ', 'ㅑ'가 아닌 경우: -어요

   예 먹다 - 먹어요 (먹 + 어 → 먹어)
      배우다 - 배워요 (배우 + 어 → 배워)
      만들다 - 만들어요 (만들 + 어 → 만들어)
      읽다 - 읽어요 (읽 + 어 → 읽어)
      가르치다 - 가르쳐요 (가르치 + 어 → 가르쳐)
      지내다 - 지내요 (지내 + 어 → 지내)

③ 어간이 '하'인 경우: -여요

   예 하다 - 해요 (하 + 여 → 해)
      일하다 - 일해요
      공부하다 - 공부해요

文型21

'명사+(좀) 주세요(〜下さい)'는 '-을/를 주다(〜をくれる)'에 존경의 뜻을 나타내는 명령형 종결어미 '-세요'를 결합한 것으로 무언가를 주문하거나 부탁할 때 쓰는 표현이다. '좀'을 쓰면 좀 더 공손하게 들린다.

文型22

'-고 싶다(〜たい)'는 동사의 어간과 결합하여 자신의 바람 · 희망 · 소망을 나타낸다.

예 비빔밥을 먹고 싶어요.

文型23

'-고 싶어요?(〜たいですか)'는 '무엇/뭐(何)', '누구(誰)', '언제(いつ)', '어디(どこ)' 등의 의문사와 함께 쓰이는 경우가 많다.

文型24

'ㅂ' 불규칙 활용 형용사: '-ㄴ/은'은 형용사의 관형형 어미. 형용사 어간 어미에 받침이 있으면 '-은', 받침이 없으면 '-ㄴ'을 붙인다. 단, 'ㅂ' 불규칙 활용 형용사의 경우, 어간 어미의 'ㅂ'을 '우'로 바꾸고 관형형 어미 '-ㄴ'을 붙인다.

예 맵다 → 매운 / 춥다 → 추운

文型25

'-와/과'는 일본어의 '-と'에 해당하며, 앞에 있는 명사 어말에 받침이 있으면 '-과', 받침이 없으면 '-와'와 결합한다.

예 책과 잡지 / 잡지와 책

➡ 文型6 '-하고' 예 책하고 잡지 / 잡지하고 책

文型26

1) '-에(-に)'는 장소를 나타내는 명사와 결합하여 위치를 나타낸다. '-에 가다/오다(~に行く/来る)'로 기억하는 것이 좋다.

예 놀이 공원에 갔어요.

2) '갔어요'는 '가다(行く)'의 비격식체 과거형이다.

➡ 文型27, 文型28 과거형

文型27

'-에서(-から)'는 장소를 나타내는 명사와 결합하여 이동의 출발점을 나타낸다.

과거형 종결어미 '-었어요'도 文型28에서 본 '-어요'와 마찬가지로 용언의 어간 어미의 모음에 따라 구분하여 사용한다. '오다'의 경우 어간 어미의 모음이 'ㅗ'이므로 '-았-'과 결합하여 '왔어요'가 된다.

文型28

용언(동사, 형용사)의 과거형:

어간 어미의 모음에 따라 '-았-, -었-'과 결합한다. 어간 어미의 모음이 'ㅏ, ㅗ, ㅑ'인 경우 '-았-', 어간 어미의 모음이 'ㅏ, ㅗ, ㅑ'가 아닌 경우 '-었-'과 결합한다. 또한, '하다' 용언의 경우는 항상 '-였-'과 결합하는데 '하였-'은 축약형 '했-'이 된다.

예 1) 어간의 모음이 'ㅏ, ㅗ, ㅑ'인 경우:
   가 + 았 → 갔-,   오 + 았 → 왔-
2) 어간의 모음이 'ㅏ, ㅗ, ㅑ'가 아닌 경우:
   먹 + 었 → 먹었-,   배우 + 었 → 배웠-,
   만들 + 었 → 만들었-, 가르치 + 었 → 가르쳤-,
   지내 + 었 → 지냈-

文型29

'-(으)세요?'는 존경의 뜻을 나타내는 의문형 종결어미이다. 용언의 어간 어미에 받침이 있으면 '-으세요?'를 쓴다.

예 받침이 없는 용언: 가세요?
   받침이 있는 용언: 읽으세요?

단, 일부 동사에는 존대의 의미를 나타내는 별도의 동사가 있다.

예 먹다 - 잡수시다 (드시다)
   자다 - 주무시다
   있다 - 계시다
   말하다 - 말씀하시다

文型30

'-ㄹ/을래요?(~ましょうか)'는 '-겠어요?(~ますか)'나 '-고 싶어요?(~たいですか)' 등과 같이 상대방의 의향을 물어보는 의문형으로 가까운 사람에게 쓴다. 어간 어미에 받침이 없을 때는 '-ㄹ래요?'와 결합하고 받침이 있을 때는 '-을래요?'와 결합하여 쓴다. 이에 대한 응답 같이 '-(아/어/여)요'는 '一緒に~ましょう'라는 뜻의 청유형 '-ㅂ시다'와 같은 표현이다.

예 가: 지금 갈래요?
   나: 네, 가요.

文型31

청유형 '-어요':

'-ㄹ까요?(~ましょうか)'는 청유를 나타내는 의문형 종결어미이다.(➡ 文型16) 따라서 이에 대한 응답인 '-(어/아/여)요(~ましょう)'도 비격식체 청유형이다.

예 가: 뭘 먹을까요?
   나: 불고기를 먹어요.

文型32

'-고(~て)'는 동사의 어간과 결합하여 행위의 순차를 나타내는 연결어미이다.

예 운동을 하고 샤워를 해요.

文型33

용언의 어간에 '-(어/아/여)야 하다'를 결합하여 '~なければならない'라는 당위의 의미를 나타낸다. 용언의 어간 어미의 모음에 따라 '-아야', '-어야', '-여야'가 된다.

예 가 + 아야 해요 (→ 가야 해요)
   오 + 아야 해요 (→ 와야 해요)
   먹 + 어야 해요 (→ 먹어야 해요)
   배우 + 어야 해요 (→ 배워야 해요)
   만들 + 어야 해요 (→ 만들어야 해요)
   입 + 어야 해요 (→ 입어야 해요)
   보내 + 어야 해요 (→ 보내야 해요)
   하 + 여야 해요 (→ 해야 해요)

文型34

'-어서(~て)'는 행위의 시간적인 순서를 나타내며 선행절과 후행절이 밀접한 관계가 있다. 선행절과 후행절의 주어가 일치해야 한다.

예 서점에 가서/서점에서 책을 샀어요.

➡ 文型32 '-고'와의 비교

1) 친구를 만나고 영화를 봤어요.

2) 친구를 만나서 영화를 봤어요.

文型35

용언의 어간에 '-(으)면 되다'가 결합하여 '～ばいい'라는 의미를 나타낸다. '되다' 대신에 '괜찮다'를 써도 된다.

예) 가: 늦지 않았어요?
　　나: 3시까지 가면 돼요.

文型36

'-(으)로'는 일본어의 '～で'와 같이 수단·방법·도구 등의 뜻을 나타낸다. 앞에 있는 명사가 모음이나 'ㄹ'로 끝나는 경우는 '-로', 그 밖의 자음으로 끝나는 경우는 '-으로'를 쓴다.

예) -로: 버스로, 지하철로
　　-으로: 여객선으로

文型37

'얼마예요?(いくらですか)'는 물건 값을 물어보는 표현이다.

예) 이 가방 얼마예요?

文型38

동사의 어간에 '-어/아/여 보다'를 붙이면 '～てみる'라는 뜻을 나타낸다.

예) 한번 입어 보세요.
　　한번 써 보세요.

文型39

동사의 현재 관형형은 어간에 '-는'을 붙인다. 형용사의 현재 관형형은 어간 어미에 받침이 있으면 '-은', 받침이 없으면 '-ㄴ'을 붙인다.

예) 동사: 좋아하다 - 좋아하는 색
　　형용사: 크다 - 큰 가방, 작다 - 작은 가방

文型40

'-(으)로(～で/へ/を)'는 '바꾸다(替える)' 등과 같은 단어와 함께 쓰여 '대체'의 의미를 나타낸다. '큰 걸로'는 '큰 것으로'의 구어체 축약형이다.

예) 좀 작은 것으로 주세요.

文型41

'여보세요(もしもし)'는 전화를 받은 사람이 먼저 하는 인사말로 상대방을 부를 때에도 쓴다. 다른 사람을 바꿔달라고 할 때는 '-씨, 계세요?(～さん、いらっしゃいますか)'라고 한다. 또, '저...(あのう)'는 간투사이다.

文型42

'(바로) 전데요.'는 '(바로) 저인데요((まさしく)私ですが)).'의 축약형으로 'ㄴ/인데요(～ですが)'는 연결어미 'ㄴ/인데(～が)'에 종결어미 '-요(-です)'를 붙인 것이다. 여기서는 '(제가

바로) ○○○입니다(私がまさしく)○○○です).'라는 의미이다.

文型43

文型42에서 설명한 대로 'ㄴ/인데요(～ですが)'는 연결어미 'ㄴ/인데(-が)'에 종결어미 '-요(～です)'를 붙인 것으로, 구어적으로 많이 쓰인다. '저(私)'는 '저는(私は)'이라는 뜻이다.

예) 가: 누구세요?
　　나: 저 제임스인데요.

文型44

'때문에(～(の)ために)'는 명사와 결합하여 후행절의 이유를 나타낸다.

예) 비 때문에 여행을 못 갔습니다.

文型45

'-어/아/여 봤어요(～てみました)'는 '-어/아/여 보다(～てみる)'(→文型38)의 과거형으로 '～たことがある'라는 과거의 경험을 나타낸다. 경험이 없음을 나타내는 경우는 '못-(～できない)'을 앞에 붙인다.

예) 가: 제주도에 가 봤어요?
　　나: 아니요, 못 가 봤어요.

文型46

'-(으)려고(～ようと)'는 동사의 어간과 결합하여 화자의 의지나 계획 등을 나타낸다. 어간 어미에 받침이 있는 경우는 '-으려고', 받침이 없는 경우는 '-려고'가 된다.

예) 책을 읽으려고 해요.
　　집에서 쉬려고 해요.

文型47

용언의 어간에 '-(어/아/여)도 되다'를 붙여서 '～てもいい'라는 의미를 나타낸다. '-(어/아/여)도 돼요?(～てもいいですか)'라는 질문에 대해 대답할 때는 '-세요(～てください)'나 '그럼요.(もちろんです)'라고 대답하면 된다.

예) 가: 들어가도 돼요?
　　나: 그럼요, 들어오세요.

文型48

'-ㄹ/을 거예요(～でしょう)'는 주어가 3인칭인 경우 화자의 추측을 나타낸다.

예) 내일 비가 올 거예요.
　　김 선생님은 다음 주에 돌아오실 거예요.

索引

ㄱ

173

(기타)